体育研学旅行资源开发研究

邢群利　著

中国建材工业出版社
北　京

图书在版编目(CIP)数据

体育研学旅行资源开发研究/邢群利著. --北京：中国建材工业出版社，2024.6. --ISBN 978-7-5160-4195-6

Ⅰ. G807.01

中国国家版本馆 CIP 数据核字第 20243SF811 号

体育研学旅行资源开发研究

Tiyu Yanxue Lüxing Ziyuan Kaifa Yanjiu

邢群利　著

出版发行：中国建材工业出版社

地　　址：北京市海淀区三里河路 1 号

邮　　编：100044

经　　销：全国各地新华书店

印　　刷：北京传奇佳彩数码印刷有限公司

开　　本：787mm×1092mm　1/16

印　　张：11.25

字　　数：150 千字

版　　次：2025 年 1 月第 1 版

印　　次：2025 年 1 月第 1 次

定　　价：65.00 元

本社网址：www.jccbs.com，微信公众号：zgjcgycbs

本书如有印装质量问题，由我社市场营销部负责调换

联系电话：**(010)88386906**

前 言

研学旅行作为一种新兴旅游方式，突破了传统教育的束缚，将学生带出传统“校园内”教学环境。研学旅行作为综合实践育人的重要途径，是传承与发展中华优秀传统文化的重要方式。研学旅行有利于促进书本知识与社会实践的深度融合，推动了学生德智体美全面发展。研学旅行属于综合性的实践教学课程，这类课程通过将旅游和研究性学习融合，促进学生在旅行中开拓视野，是一种比较理想的教学方式，也更容易被学生接受。研学旅行看什么，什么样的资源可以作为研学旅行资源，研学旅行资源如何开发等一些问题，成为当下研学旅行开展需要解决的重要问题。

体育研学旅行是近年来教育研究的一个热点，国家对体育研学旅行的重视度不断提升，并提出了一系列的支持政策，各地政府也结合当地的实际情况出台了相应的政策制度，有效协助体育研学旅行的发展。在核心素养背景下，基于理论与实践教育的双重优势，体育研学旅行对学校体育教学创新、学生核心素养培养具有重要意义。

笔者在撰写本书的过程中，参考了许多专家和学者的文献资料，在此致以诚挚的谢意。由于学识有限，书中不妥之处在所难免，还望读者指正。

目　录

第一章 研学旅行概论

第一节 研学旅行的概念界定与范围理解

一、研学旅行的概念界定

研学旅行，从字面意义上理解，即研究性学习和旅行体验的结合。但作为概念界定，其不仅仅是一种“研学”和“旅行”的简单相加，而是包含主客体、作用目标及作用渠道等多个要素的集合。弄清楚这些要素，才能得到研学旅行完整的概念界定。

（一）从研究到研学

首先来理解研学。自古以来，有很多学者在哲学、文学、法律、教育等领域中讨论过“研究”一词，却很少有人提出过“研学”的概念或对“研学”进行深入阐释。因此，有必要对教育理论视域中的“研究”与“研学”进行区分，从而进一步清晰地界定研学的概念。

1.“研究”的概念

“研究”分为“研”与“究”。“研”的本义是“细磨、研细”，后引申为“反复、仔细分析琢磨、探求”，用于抽象事物。“究”的本义是“穷尽”，后引申为“谋划、研究、探求”，含有“系统调查或追根溯源”的意味。由此，“研”“究”二字同义并列连用而成为一个双音词，意喻“钻研、探索”。

按照一般观点来看，“研究”是一个主动和系统的过程，是为了发现、解释或校正事实、事件、行为、理论，或把这些事实、法则、理论做出实际应用。“研究”大致可分为专家研究与一般性研究两大类型。

(1)专家研究不过是“科学研究”的代名词，是研究者用科学的方法去探究事物的各种类型和事物与事物之间的关系。科学研究就是分类并寻找关系。

(2)一般性研究则是指学习者具有科学精神，以创新意识、探索态度，通过借鉴科学研究的某些方式方法，主动去探究事物发生发展的基本规律和属性。一般性研究并非严格遵循专家研究的研究范式，而是采用“发现问题—分析问题—解决问题”的基本思路和方法，对在学习过程中出现的问题进行由表及里、由外向内、由浅入深的分析探究。

2.“研学”的概念

在以上“研究”概念的基础上，“研学”的概念包含“研究”的“研”，但更突显的是“学”。“研学”即按照“研”的要求，开展“学”的活动。具体来说，即要求学习者以研究的意识、钻研的态度来进行知识的探索。“研学”的概念对学习者提出了更高的要求。

(二)从“研学”到“旅行”

作为文明古国，我国古代文人一向有游学之风，既要“读万卷书”，又要“行万里路”，“学”与“游”从来都是紧密相连的，明代徐霞客的《徐霞客游记》就是这样的存在。在旅行中实现探究性学习，不是研究性学习和旅游体验的简单相加，而是承载着基础教育阶段如何拓展素质教育的重任等。

研学旅行体现了素质教育要求的自然教育，将对学生教育的场所由封闭的课堂引向开放的大自然和社会，促进学生对自然万物的直接接触、观察、体验、认知与思考，建立遵守这种自然秩序和自然本性的教育观。

研学旅行体现了素质教育要求的生活教育，倡导“生活及教育”“社会即学校”“行是知之始，知是行之成”，生活中的一切都可以作为教育的内容，做到“教学做合一”。

研学旅行体现了素质教育要求的休闲教育，旅行中富有情趣的体验，反映在教育领域里是一种“寓教于乐”的教学方式，是打造“学习化生活方式”的重要手段。

因此，“研学”包含了诸多的要求和目标，“旅行”为其提供一种载体和渠道，它使得“研学旅行”区别于传统课堂内的教学与研究活动，强调的是户外的场景、行动中的研究和学习体验。

（三）研学旅行的相关定义

目前，学界尚未形成有关研学旅行的统一定义，但与其相关概念的讨论与探究日益丰富，包括“修学旅游”“修学游”“修学旅行”等多种提法。其中，在国内被广泛引用的定义包括以下几种。

（1）白四座认为，所谓修学游，主要指针对学生群体设计的、以语言学习和教育机构观摩为特点的旅游产品，它既非单纯的旅游，也非纯粹的教学，它介于“游”与“学”之间，融合了二者的内容，是一种以“游”相伴的学习、以“学”为主的旅行。

（2）陈非认为，修学旅游是以提高国民素质为主旨，以一定的修学资源为依托，以特定的旅游产品为载体，以个人的知识研修为目标，以旅游为表现形式的市场化的专项旅游产品。

（3）曹晶晶认为，修学旅游是指针对学生群体设计的、以增进技艺和增长知识为目标的、通过丰富多彩形式来实现的教育型旅游产品。它是以在校学生为主体，以教师等其他人员为补充的一种专项旅游活动。

（4）布伦特·里奇提出，“教育旅游”是指参与到旅游活动中的人，如远足游客和过夜游客等，将“学习”作为主要内容的旅游性活动。这些活动包括但不限于普通教育旅游、成人教育旅游，以及国内、国际大学旅游和各个学校学生的旅行，如学校远足、交换生项目、语言培训学校学习等。

二、研学旅行的范围理解

依据参与群体的范围不同，研学旅行亦可分为广义和狭义两种。

（一）广义的研学旅行

广义上的研学旅行是指任何旅游者出于文化求知的需要，在人生任何阶段暂时离开常住地，以独立出游、结伴或团队到异地开展的文化考察活动。这是目前学界对研学旅行进行的通识定义。也就是说，广义的研学旅行的参与主体可以是所有的社会公民。

（二）狭义的研学旅行

狭义的研学旅行主要指教育视域内研学旅行活动的开展。根据2016年11月教育部等11部门联合发布的《关于推进中小学生研学旅行的意见》（以下简称《意见》）中对中小学生研学旅行的概念界定，狭义的研学旅行的参与主体是学校组织和广大学生。

在此需要说明的是，本书中提及的研学旅行均是从教育的角度对研学旅行的定义，即狭义范围的研学旅行，具体范围出自国务院和教育部的有关文件。研学旅行主要在中小学生范围内进行，出于安全性的考虑，兼顾学生的认知水平。首先，对不同学龄的学生所研学的主要范围有相应规定，小学阶段以乡土乡情研学为主，初中阶段以县情市情研学为主，高中阶段以省情国情研学为主。其次，对研学旅行目的地的范围有相应规定，小学生以省内研学为主；初中生以省内和周边省份为主；高中生以境内为主，有条件可适当组织开展出境研学旅行。再次，对研学活动的时间范围有相应规定，小学阶段2天1夜，在小学四到六年级实施；初中阶段3天2夜，在初中一或二年级实施；高中阶段4天3夜，在高中一或二年级实施。

对研学旅游的对象、时间和目的地的范围进行这样的原则规定是科学合理的，学生在研学旅行中从培养对家乡的感情开始，地点由近及远，时间由短至长，随着学生认知水平的提高，研学内容也由乡情、市情到省情、国情，内容范围逐渐扩大，从而可以循序渐进地培养学生热爱家乡、热爱祖国的思想感情。

第二节 研学旅行的特征与价值取向

一、研学旅行的特征

研学旅行是一种群体性的社会实践活动，依据《意见》对研学旅行概念和范畴的界定，研学旅行活动的开展具有明确的指向性，是青少年由个体人成长为社会人过程中不可多得的经历。作为综合实践类课程的重要组成部分，研学旅行具有以下特征。

（一）真实性的实践特征

研学旅行的本质是实践，它打破了传统的课堂与教材的局限性，面向的是生活这样一个大舞台，包括自然与社会。研学旅行的感受内容会因不同的时间和空间而不同，并且伴随活动的不断开展，学习者会不断产生新的思想火花和生活体验，生成新的学习主题和内容，使得研学旅行的广度、深度都时刻处于延展之中。因此，研学旅行可以使学生身处真实的自然社会情境，不断与外界进行直接而有效的沟通，具有真实性的实践特征。

（二）研究性的学习特征

研学旅行中的研究性学习体现了研学旅行的研究性特质。在研学旅行活动的一整个过程中，都需要开展一系列的研究性学习，包括在确定研学旅行主题时，此时学生首先遇到的问题就是如何选择合适的研学旅行主题，这需要学生在前期准备中善于观察、不断思考、学习归纳总结。在研学旅行的过程中，生活知识与信息的海量输入，需要学生不断地对核心问题进行界定、甄别、筛选和整合。在研学旅行结束之时，认真地整理与总结、归纳与提升，也都是必须历练的学习能力。这也是研学旅行与一般性旅行的最大区别。研究性学习让学生带着问题进入活动情境，或者在真实情境中去观察、发现问题，甚至很多遇到的问题可能是学生始料未及的，这都需要学生通过自主学习、合作学习、探究学习等多种方式，不断探索和试错，以寻找解决问题的方式方法，发现新知。最后，通过验证新知，用于解决类似问题，形成举一反三的学习体验。因此，研学旅行具有研究性的学习特征。

（三）自主性的旅行特征

研学旅行中的旅行强调了研学旅行的自主性特征。这种自主性主要体现为学生在主体意识的指导下，主动参与旅行活动的能动性。他们是研学旅行活动的主要参与者，在旅行过程中依据自身兴趣，关注和选择想要探究解决的问题，确定活动主题并预设研学内容；同时，他们也是研学旅行活动的主要承担者，在旅行过程中经过反复斟酌，自主确定旅行线路、经费预算、规则与纪律、分工与合作等。在研学旅行的整个活动过程中，在自然和社会的大环境里，学生需要接触、感受、体会不同于传统封闭课堂里的万事万物，眼睛要看、耳朵要听、头脑要转，所有的感官都需要他们自己主动积极地调动起来，去观察、触摸、体验外在的环境，才能产生全方位的旅行刺激。因此，研学旅行具有自主性的旅行特征。

（四）计划性的组织特征

研学旅行是由教育部门和学校组织，大多在教师和专业技术人员的统筹安排和引导下进行。主要参与人员是以班级、年级，甚至是学校为单位展开的，目的就是同龄人群相聚、集合、共同学习、相互研讨，具有典型的组织行为特征。在研学旅行活动开展前，需要进行很多的准备工作，如研学主题的确定、研学线路的规划、研学课程的设计、旅行体验的安排等，以满足“活动有方案、行前有备案、应急有预案”。研学旅行不包含也不允许来一场“说走就走的旅行”。因此，较于一般性的旅行活动，研学旅行是有计划性、有组织性的学习活动，具有计划性的组织特征。

二、研学旅行的价值取向

依据研学旅行的概念界定与范围理解，结合研学旅行的实践过程，研学旅行表现出明确的价值取向。作为综合实践育人的有效路径，研学旅行的价值取向主要体现在三个方面，即真实、生活与创新。通过对这三个主要方面价值取向的剖析和透视，能更好地理解研学旅行的有效输入与输出。

（一）何为“真实”

首先，真实地面对传统教育的弊端，即重说教而轻实践、重道德灌输而轻情感体验；其次，真实地面对客观存在的世界，走出课堂，与社会接触，与自然拥抱；再次，真实地面对自我，摒弃以抽象的文化知识积累为特征的自我认知方式，而更多地依赖自身的经历获得知识、发展情感、形成健康的“三观”。这些“真实”，符合教育的本质与追求，也更接近人类生存与发展的幸福。

例如，对大多数中小学生来说略显枯燥的历史学科，若能提供机会直接去历史博物馆或历史古迹去参观体验，提供空间让学生自行感受历史的积淀与情绪。这种具有直接性、冲击力的直观真实感，会对学生知识、情感、态度和认知的输入产生更为深刻的影响。

（二）何以“生活”

生活，本应是最自然的状态。德国作家、哲学家尤尔根·哈贝马斯曾提出：生活包括客观世界、社会世界与主观世界，在一个整体的生活中，个体与作为自然的外部世界、与社会中其他行动者、与自我会同时产生关联，进而共同建构出完整的自我。因此，生活意味着“在自然中”“在社会中”，并“生在其中”。

例如，在春季或秋季组织学生参与户外劳动体验，帮助学生了解在不同的季节应如何开展生产生活，还原客观世界的真实面貌。这样的研学旅行不仅可以帮助学生完成在课堂教学中的知识储备，而且能帮助学生增强知识学习与生活意义的关联感。

（三）何能“创新”

传统教育一直以来被视作科学文化知识的有效传播方式，是为科学世界服务的工具，而作为主体的人却往往未得到相应重视。研学旅行提倡关注主体价值，强调人的主观能动性，目标指向培育具有主体性、创新意识、创新精神和创新能力的学生。这种创新源泉来自教育模式的丰富，即在教育的工具性上更强调“主体体验性”，不仅丰富了教学内容，而且增添了教学体验。

第三节　研学旅行的理论依据

进入21世纪，中国教育事业的建设与改革，与经济、文化等各个领域一同开展得如火如荼，并取得了令人瞩目的成绩。传统封闭固化的教育教学理念、陈旧单一的教学方式方法等，已难以适应当今时代发展的要求，难以满足当代青少年成长的需求。在此背景下，研学旅行概念得以提出，并且伴随着教育学、心理学、旅游学等众多学科交叉发展与共同支持，研学旅行也有了充分的学科理论滋养以指导实践。

一、哲学理论：卢梭的自然哲学观

（一）什么是卢梭的自然哲学观

卢梭是法国著名启蒙思想家、哲学家、教育家、文学家，是18世纪法国大革命的思想先驱，启蒙运动最卓越的代表人物之一。在崇尚理性至上的时代大潮中，卢梭高举“回归自然”的旗帜，对文明社会进行了猛烈的批判，震惊了世界，并在政治、哲学、艺术、教育领域中产生了巨大的影响。

在卢梭的《论人类不平等的起源和基础》《爱弥儿》《忏悔录》等诸多论著中，均崇尚自然价值，对科学做出深刻的洞见与批判，主张返回自然，主张从文明的规律与束缚中解脱，回归人心朴实与自然的一面。尤其是在《爱弥儿》第四卷“一个萨瓦省的牧师述”中，卢梭多次阐述自己的哲学思想。他在对自然的观察和研究中，形成了唯物主义的自然哲学思想。卢梭所理解的自然，是指不为社会和环境所歪曲、不受习俗和偏见支配的人性，即人与生俱来的自由、平等、纯朴、良知和善等。

（二）自然哲学观的主要观点

卢梭认为，人本性是善的，若让其自由发展，必然趋于善，故教育应放任人的本性自然发展。卢梭正是从其自然主义哲学出发，构建了他的人本主义自然教育理论体系。换言之，他的自然主义教育思想的基本前提是关心人、尊重人和发展人的人本主义思想。他关于教育的本质、目的、作用、途径、原则、方法等问题的论述，都是以他的自然哲学思想为出发点。在他看来，人的本质是自由的，即人是自由主动者，这是卢梭自然哲学观的根本原则。

卢梭自然哲学观中的唯物主义感觉论，深刻地影响了他的教育思想的形成，使其认识论蒙上了感觉论的色彩。他通过对人的认识工具和认识能力的考察，确认感性比理性可靠，坚信感觉经验是认识真理之路。在卢梭看来，感觉比判断、推理可靠，因为它更直接、主观成分更少、更接近自然，人的意识、感情和行为在很大程度上受到感觉的影响。卢梭认为真理是客观的，认为只有通过感官的感觉才能获得对周围物质世界的正确认识。卢梭的感觉论，使他无论在教学内容还是教学方法上，都表现出注重儿童感觉能力的倾向。卢梭主张让儿童在日常生活和实践活动中不断锻炼和培养自己的感觉能力，通过观察获得直接经验，从而获得关于客观物质世界的知识。在教育过程上，卢梭强调要依据儿童认识发展的不同阶段循序渐进地进行教育，使教育过程与认识过程相一致。这种循序渐进的教育原则和教育思想，至今仍闪烁着智慧的真理之光。

（三）自然哲学观与研学旅行

1. 儿童应在生活中感受教育

卢梭在《爱弥儿》中讲述了主人公爱弥儿通过与导师一起“种蚕豆”，懂得“财产权”的概念，他强调儿童应在生活经验中接受教育，实践是儿童获得认知的最基本途径。实践具有真实性，让儿童通过行为感知善恶，比旁人的说教更有效用。研学旅行的“真实”“生活”价值取向均与此有着丰富的联系，共同展现出自然教育的魅力。

2. 儿童应成为学习的主人

卢梭认为儿童教育应先有探索欲望，后有学习方法，应鼓励儿童发展个体思维，培养其成为学习的主人，充分调动其主观能动性。研学旅行的教育模式即让儿童在学习的目标管理上更加自主，知其然更知其所以然，这样真正的学习兴趣才能成为持续的学习动力。

二、教育学理论：学习科学

（一）什么是学习科学

学习科学最早于20世纪80年代由西方学者提出，主要研究如何支持和促进人在整个生命历程中的学习活动，通过教学的、技术的和社会政策方面的创新来促进教育的改善。简而言之，即主要研究一个命题：人究竟是怎么学习的及怎样才能促进有效的学习？这不仅是一个关于人类社会永恒进步的话题，也是一个与我们每个人日常生活息息相关的话题。学习科学在20世纪90年代开始走向成熟，开始作为一个独立的学科领域脱颖而出，至21世纪来临之际，这一新兴学科已经开始影响课堂教学、校外教育、学习产品设计、学习组织设计、教师教育、职业培训等诸多方面的变革与创新。

学习科学作为一门交叉形成的前沿学科，旨在建立心智、大脑与教育之间的桥梁，将生物科学的最新成果，包括认知神经科学、情感神经科学、基因科学和生物分子学等应用于教育和学习过程。它整合心理学关于认知和学习的心理过程的研究，课程和教学论关于教材组织、教学过程的研究，以及教育技术学关于如何建立动态系统以支持学习的研究，同时综合其他相关学科（如社会学、文化人类学、知识论等）的视角，全面研究学习活动的认知过程、社会情境和设计方式，从而给学习、教育及政策制定提供科学的指导，以迎接教育的重大变革。

(二)学习科学的主要原理

1. 大脑是如何学习的

大脑的核心特征——可塑性,可分为两种,即加强或减弱神经元的联系。这种修改的程度取决于学习的类型,而长期的学习会让神经元之间联系的修改更为深刻持久。不但如此,修改的程度还取决于学习的时期,如婴儿期的孩子新突触的发育极为迅猛。

2. 后天环境的重要性

既然大脑具有可塑性,那么影响大脑最关键的因素就是环境。很多日常的环境因素都对改进大脑功能有益,如社会环境及与之相应的互动性、营养的摄入、体育锻炼、睡眠等。这些因素对教育的影响显而易见,但常常被人们忽视。只有通过正确调节人们的大脑和身体,人们才有可能发挥大脑可塑性的潜能来促进学习过程。

除了日常环境之外,环境中的情绪对人的影响也至关重要。人们的情绪会重塑大脑神经组织。在人们所处的社会环境中,有效管控情绪是一名高效学习者需要掌握的关键技能;自我调节能力也是人们的行为和情绪技能中的重要技能。

(三)学习科学与研学旅行

1. 研学旅行需要基于身心、情感和认知相结合的整体方案

一方面,饮食、运动、睡眠方式等通过对大脑功能的影响会进而对学习产生影响。另一方面,情绪不仅在大脑运转过程中发挥着重要作用,而且影响着其他人,特别是在教育当中。通过分析恐惧和压力两种情绪,人们发现这两种情绪会降低人类分析能力,反之亦然,积极的情绪会提升大脑的分析能力。

2. 研学旅行需要更好地理解青春期

神经科学为青春期及其发生的变化提供了新视角,这个阶段对于个人教育生涯的发展发挥着重要作用。青年人正处在青春期,他们的认知能力较强(高潜力),但情感不够成熟(低控制)。有效地管控情绪是一名

有效学习者需要掌握的关键技能。在年轻人青春期的关键时期，鉴于他们情绪的“低控制”特征，培养他们成熟情感的价值显得更为重要，神经科学的“情绪调节”概念将有助于学生的情感发展。

3. 研学旅行需要考虑时间和周期

现代教育神经科学引入了皮亚杰模型，同时通过学习敏感期的研究扩大对学习时间和周期的理解。神经科学认为，关于对终生存在的大脑可塑性的理解告诉我们，人们总是能打开新的知识大门。另外，它也给“敏感期”赋予精确界定，即个体特别擅长从事某项学习活动的最佳时期。

4. 研学旅行需要个性化的评估，而非单一模式的选拔和淘汰

大脑呈现的潜力可能会对教育产生深远影响，也可能引发重大伦理问题。关于大脑如何运作的知识，以及大脑结构和过程如何反映学习者能力和掌握能力的相关内容，都可以作为评估传统教学及学习者是否处在学习关键期的标准。

三、心理学理论：皮亚杰的认知心理学

（一）什么是皮亚杰的认知心理学

皮亚杰是世界上伟大的儿童心理学家，他长期以儿童为研究主体，将人的认知发展视作智力发展和逻辑思考的能力，认为人的认知发展具有典型过程，因此提出了著名的认知发展理论，包括儿童认知发展的两个基本假设、儿童认知发展的四个阶段，以及由心理学出发，指向教育学的重要价值。

（二）认知心理学的主要观点

1. 儿童认知发展的两个基本假设

皮亚杰针对儿童个体发展，提出儿童认知发展包含两个基本假设。

（1）儿童的认知是主动的。皮亚杰认为，个体自出生后即开始了一生的发展历程。为探索周边世界，个体会主动与环境互动，并非只是被动地接受环境的刺激，而认知即在这种互动中产生。

(2)认知发展受到遗传和环境的多维交互影响。皮亚杰并不将认知发展看作停滞不前的状态，尤其儿童认知发展过程是伴随有机体的成熟与学习交互作用而动态生成的。

2. 儿童认知发展的四个阶段

皮尔杰认为，认知结构支配行为，而行为的改变界定了儿童认知发展的阶段，从婴儿呱呱坠地到成长为成年人，其大致会经历四个发展阶段。

(1)感知运动阶段，从出生至 2 岁。这个阶段的婴幼儿是借由感觉和动作来探索外在世界的，缺乏思考、语言和概念的统筹。

(2)前运算阶段，从 2 岁至 7 岁。运算是个体内部的智力或者操作，儿童在感知运动阶段后期，能够运用一些动作图式，但是这些图式需要与具体的运动动作相联系，而与动作分离的认知的第一种类型是使得动作图式符号化，即形成和使用字词、手势、标记、想象的能力，这些即为前运算阶段的主要成就。

(3)具体运算阶段，从 7 岁至 11 岁。这个阶段的儿童认知结构已经发生了重组和改善，思维具有一定弹性，可以逆转。随着守恒、分类、顺序排列、运算能力的掌握，儿童认知处于具体运算阶段，可发展出思维的完整性、逻辑性体系。但这个阶段的儿童思维仍需要具体事务的支持，还不能进行抽象的逻辑思维。

(4)形式运算阶段，从 11 岁至成年。这个阶段的儿童思维是以命题形式存在的，并且能够发展命题之间的关系，能够依据逻辑推理、归纳或者演绎的方式来解决问题，能够理解符号的意义、隐喻和直喻，能够做一定的概括，其思维发展水平已接近成年人。

(三)认知心理学与研学旅行

研学旅行的主体是年龄在 10～14 岁的中小学生。按照皮亚杰的认知心理学理论，这个阶段的儿童处于认知发展的第三、四阶段，个体的身体和心理都经历着巨大的变化。

其中，值得教育者关注的是，一方面，这个阶段的中小学生身体处于持续发展过程中。如，身高、体重的增加相对平稳；精力充沛，创造性、想象力、自我控制意识、思维品质和意志品质等都有了长足发展，高层次美感、道德感正在逐渐形成；他们与周围环境（如同学、朋友或父母之间）的互动也开始增多，融入复杂社会的能力也在增强。另一方面，随着越来越多地融入学校、家庭乃至社会活动，他们在不同程度上也存在发展性问题。他们试图在勤奋学习、努力表现中获得赞扬与肯定，如果无法得到，就会产生自卑感，长此以往，将不利于自我同一性的形成。他们也开始从内在层面整合自我，但由于现实自我与理想自我之间存在较大矛盾与冲突，使其较为容易产生强烈、波动的情感体验。此外，与同学、朋友或父母互动产生的冲突也会非常频繁。

上述情况对于思维尚不成熟的中小学生而言，无疑是巨大的挑战。因此，研学旅行的开展，在“学”与“研”的有机融合过程中，应强调学生本位，更加突出儿童主动学习的特性，注重依据儿童的认知发展顺序和需求规划与设计课程。

四、旅游学理论：全域旅游

（一）什么是全域旅游

在2016年全国旅游工作会议上，国家旅游局（现变更为中华人民共和国文化和旅游部）提出开展“国家全域旅游示范区”创建工作，旨在推动旅游业由景区旅游向全域旅游发展模式转变。全域旅游是指在一定区域内，以旅游业为优势产业，通过对区域内经济社会资源，尤其是旅游资源及相关产业、生态环境、公共服务、体制机制、政策法规、文明素质等进行全方位和系统化的优化提升，实现区域资源有机整合、产业融合发展、社会共建共享，以旅游业带动和促进经济社会协调发展的一种新的区域协调发展理念和模式。简而言之，全域旅游是将区域整体作为旅游目的地发展的新理念和新模式，是一种区域旅游资源的有机整合、产业融合、社会共建共享的发展理念，因此，全域旅游是空间全景化的系统旅游。

（二）全域旅游的主要观点

全域旅游首先要打破旧的旅游格局，形成一种新的发展格局。这应该是全域旅游的核心问题。从全域旅游提出的社会背景和旅游背景来分析，全域旅游的核心不在“全”而在“域”，即空间域、产业域、要素域和管理域的完备。

1. 空间域

从空间域来说，全域旅游是要改变以景区为主要架构的旅游空间经济系统，构建起以景区、度假区、休闲区、旅游购物区、旅游露营地、旅游功能小镇、旅游风景道等不同旅游功能区为架构的旅游目的地空间系统。

2. 产业域

从产业域来说，全域旅游是要改变以单一旅游形态为主导的产业结构，构建起以旅游为平台的复合型产业结构。

3. 要素域

从要素域来说，全域旅游是要改变以旅游资源单一要素为核心的旅游开发模式，构建起旅游与资本、旅游与技术、旅游与居民生活、旅游与城镇化发展、旅游与城市功能完善的旅游开发模式，推动我国旅游要素域由旅游资源开发向旅游环境建设转型。

4. 管理域

从管理域来说，全域旅游是要改变以部门为核心的行业管理体系，构建起以旅游领域为核心的社会管理体系。

（三）全域旅游与研学旅行

1. 研学旅行符合全域旅游发展理念

全域旅游理念关注时间与不同空间尺度的变化，强调的是“旅游＋”形式的多业态融合，强调旅游的广泛参与性和管理监控的全时性。这与研学旅行有始有终、集旅学研于一体、全员参与的活动导向相呼应，并且研学旅行对旅游资源的需求也是多时段、多层次的。

2. 研学旅行是全域旅行的新业态

全域旅游有示范区、研学旅行需要研学基地，二者在空间上存在交集，由此，研学旅行的发展受到全域旅游观的指引，研学旅游的实践也受到全域旅游技术的支撑。如选点布线，作为开展研学旅行活动的前瞻性工作，从适宜开展研学旅行的中小学生人数的确定，到景区景点空间分布情况的掌握，都将以全域旅游发展理论为参照，来进行研学旅行基地建设、路线设计等相关工作。可以说，全域旅游为研学旅行的发展提供了更全面的格局和视角。

第四节　研学旅行的工作目标与主要任务

一、研学旅行的工作目标

研学旅行的总体目标可总结为“实践育人”。具体为：开发一批育人效果突出的研学旅行活动课程，建设一批具有良好示范带动作用的研学旅行基地，打造一批具有影响力的研学旅行精品线路，建立一套管理规范、责任清晰、多元筹资、保障安全的研学旅行工作机制，探索形成中小学生广泛参与、活动品质持续提升、组织管理规范有序、基础条件保障有力、安全责任落实到位、文化氛围健康向上的研学旅行发展体系。

（一）开发一批育人效果突出的研学旅行活动课程

成才先成人，育人先立德。研学旅行作为教育的一种形式，当然也必须将“立德树人”作为活动开展的首要任务。

1. 何为研学旅行活动课程所指的“育人”

我们都知道，教育是民族振兴、社会进步的重要基石。党的新教育方针提出：“坚持教育为社会主义现代化建设服务、为人民服务，与生产劳动和社会实践相结合，培养德智体美全面发展的社会主义建设者和接班人。”素质教育理念也重视人的思想道德素质、能力培养、个性发展、身体健康和心理健康等多方面教育。教育是事关全民族的一件大事，且重在基础教育。长期以来，实践教育环节薄弱甚至缺失，已成为制约我国中小学实施素质教育、改革人才培养模式的重要瓶颈。在上一节中，我们也很清楚地看到，国家有关研学旅行诸多政策的推进与试点实践的总结工作都来自教育部基础教育司，这也充分说明了研学旅行与基础教育之间的紧密联系。

由此,教育部立足于面向未来、面向现代化,促进每个学生全面发展,全面提高国民素质,提升综合国力做出重大战略决策,印发了《基础教育课程改革纲要(试行)》,试图让基础教育适应经济、社会发展的需要,充分体现基础教育性质和素质教育精神。该纲要要求在小学、初中、高中不同的学习阶段,都要设置与学生身心成长相适应的课程。其中,综合实践课程应作为必修课程,其内容应包括信息教育、研究性学习、社区服务与社会实践,以及劳动与技术教育。可以看到,对综合实践课程的强调已成为基础教育改革的重要内容,目的是增强学生借由实践而增长的主动性学习思维与解决问题的综合能力,增强他们的探究意识与创新能力,增强学校与社会的密切联系,培养学生的社会责任感。

2. 何为研学旅行活动课程所指的"效果突出"

按照《基础教育课程改革纲要(试行)》要求,基础教育效果应体现时代要求。"要使学生具有爱国主义、集体主义精神,热爱社会主义,继承和发扬中华民族的优秀传统和革命传统;具有社会主义民主法治意识,遵守国家法律和社会公德;逐步形成正确的世界观、人生观、价值观;具有社会责任感,努力为人民服务;具有初步的创新精神、实践能力、科学和人文素养,以及环境意识;具有适应终身学习的基础知识、基本技能和方法;具有健壮的体魄和良好的心理素质,养成健康的审美情趣和生活方式,成为有理想、有道德、有文化、有纪律的一代新人。"

因此,研学旅行活动课程的开发要紧密围绕上述目标开展工作,方能借由活动实现突出的育人效果。

(二)建设一批具有良好示范带动作用的研学旅行基地

研学旅行,育人是目的,基地是载体。目前,我国研学旅行已涉及校外教育、亲子体验、社会实践、主题营地、户外拓展和自然科考等领域,均需要一定的场所作为活动开展的载体。研学旅行基地是培养学生综合素养和社会实践能力的重要课堂。建设具有良好示范带动作用的研学旅行基地首要满足的条件是基地建设体现地域特色。

研学旅行的开展是全国性的教育改革活动，为此，原国家旅游局（现变更为中华人民共和国文化和旅游部）确定了10个城市为首批“全国研学旅游目的地”、20家旅游景点为首批“全国研学旅游示范基地”，但显然这不能满足全国广大中小学生和家长对研学旅行的需求。因此，《意见》明确要求“研学旅行要因地制宜，呈现地域特色”。

另外，建设具有地域特色的研学旅行基地也有利于研学旅行育人目标的落地实现。对大多中小学而言，全国性的研学旅行基地相对数量少、距离远、旅行耗时长，而具有地域特色的研学旅行基地更能贴合地方性中小学生开展研学旅行活动的需求。依托有地域特色的研学旅行基地，活动的时间选取更加具有弹性，如既可利用节假日、周末开展活动，亦可直接将研学旅行活动纳入日常教学计划，就近安排教学实践随时进行。对于学生而言，在自己相对熟悉的家乡环境开展综合实践，也能增强他们对地域文化、对民族文化的认同感，从而提升研学旅行育人目标的眼界和格局。

（三）打造一批具有影响力的研学旅行精品线路

研学旅行线路是在一定区域范围内由研学旅行营地、研学旅行基地、交通线等组成的综合体，是研学旅行实践活动运行的基础，是研学旅行实践课程资源的载体。《意见》强调，“要以研学旅行基地为重要依托，积极推动资源共享和区域合作，打造一批示范性研学旅行精品线路，逐步形成布局合理、互联互通的研学旅行网络”。如此要求对照的现实困境是，目前，全国各地设计的研学旅行线路大多存在资源数量不够多、资源整合力度不够强、资源与学科知识融合不紧密等问题。为解决上述问题，寻求更完善的思路，重点要确定研学旅行精品线路设计的目标与原则。

依据《意见》，研学旅行线路设计的目标要有示范性，能为国内各地研学旅行活动的线路设计提供具有普适性的设计标准，并最终促成布局合理、互联互通的研学旅行网络。

研学旅行线路设计的原则应包括典型性原则、兼容性原则、可行性原则与安全性原则。其中，典型性原则要求线路沿线的地理事物应真实典型;兼容性原则要求线路设计应在主题鲜明的基础上,兼顾与其关联的其他研学内容;可行性原则要求线路沿线的景点应与研学主题相适应,具有必要的基础设施及配套服务设施,具备研学活动开展的合理接待体量及能力;安全性原则要求线路沿线没有安全隐患,或具备避开危险地段的常态化预案措施及紧急保障措施。

(四)建立一套规范管理、责任清晰、多元筹资、保障安全的研学旅行工作机制

各地要逐步建立起一套规范管理、责任清晰、多元筹资、保障安全的研学旅行工作运行和管理机制,为全国中小学生全面发展提供良好成长空间,使研学旅行真正实现"以研促学"的教育目的,促进研学旅行和学校课程的有机融合,实现文化旅游资源共享,让学生在研学旅行中继承和弘扬优秀传统文化,进一步增强文化自信。

二、研学旅行的主要任务

任务源自目标,往往表现为与目标的一脉相承与相互呼应。针对上述有关研学旅行目标的阐述,由教育部等11部门联合印发的《意见》明确界定了具有可操作性的若干工作任务。

(一)纳入中小学教育教学计划

各地教育行政部门要加强对中小学开展研学旅行的指导和帮助。各中小学要结合当地实际,把研学旅行纳入学校教育教学计划,与综合实践活动课程统筹考虑,促进研学旅行和学校课程有机融合,要精心设计研学旅行活动课程,做到立意高远、目的明确、活动生动、学习有效,避免"只旅不学"或"只学不旅"现象。学校根据教育教学计划灵活安排研学旅行时间,一般安排在小学四到六年级、初中一到二年级、高中一到二年级,尽量错开旅游高峰期。学校根据学段特点和地域特色,逐步建立小学阶段以乡土乡情为主、初中阶段以县情市情为主、高中阶段以省情国情为主的研学旅行活动课程体系。

(二)加强研学旅行基地建设

各地教育、文化、旅游、共青团等部门、组织密切合作,根据研学旅行育人目标,结合域情、校情、生情,依托自然和文化遗产资源、红色教育资源和综合实践基地、大型公共设施、知名院校、工矿企业、科研机构等,遴选建设一批安全适宜的中小学生研学旅行基地,探索建立基地的准入标准、退出机制和评价体系;要以基地为重要依托,积极推动资源共享和区域合作,打造一批示范性研学旅行精品线路,逐步形成布局合理、互联互通的研学旅行网络。各基地要将研学旅行作为理想信念教育、爱国主义教育、革命传统教育、国情教育的重要载体,突出祖国大好风光、民族悠久历史、优良革命传统和现代化建设成就,根据小学、初中、高中不同学段的研学旅行目标,有针对性地开发自然类、历史类、地理类、科技类、人文类、体验类等多种类型的活动课程。教育部将建设研学旅行网站,促进基地课程和学校师生间有效对接。

(三)规范研学旅行组织管理

各地教育行政部门和中小学要探索制定中小学生研学旅行工作规程,做到"活动有方案,行前有备案,应急有预案"。学校组织开展研学旅行可采取自行开展或委托开展的形式,提前拟定活动计划并按管理权限报教育行政部门备案,通过家长委员会、致家长的一封信或召开家长会等形式告知家长活动意义、时间安排、出行线路、费用收支、注意事项等信息,加强学生和教师的研学旅行事前培训和事后考核。学校自行开展研学旅行,要根据需要配备一定比例的学校领导、教师和安全员,也可吸收少数家长作为志愿者,负责学生活动管理和安全保障,与家长签订协议书,明确学校、家长、学生的责任权利。学校委托开展研学旅行,要与有资质、信誉好的委托企业或机构签订协议书,明确委托企业或机构承担学生研学旅行安全责任。

(四)健全经费筹措机制

各地可采取多种形式、多种渠道筹措中小学生研学旅行经费,探索建立政府、学校、社会、家庭共同承担的多元化经费筹措机制。交通部门对中小学生研学旅行公路和水路出行严格执行儿童票价优惠政策，铁路部门可根据研学旅行需求，在能力许可范围内积极安排好运力。文化、旅游等部门要对中小学生研学旅行实施减免场馆、景区、景点门票政策，提供优质旅游服务。保险监督管理机构会同教育行政部门推动将研学旅行纳入校方责任险范围，鼓励保险企业开发有针对性的产品，对投保费用实施优惠措施。鼓励通过社会捐赠、公益性活动等形式支持开展研学旅行。

（五）建立安全责任体系

各地要制定科学有效的中小学生研学旅行安全保障方案，探索建立行之有效的安全责任落实、事故处理、责任界定及纠纷处理机制，实施分级备案制度，做到层层落实，责任到人。教育行政部门负责督促学校落实安全责任，审核学校报送的活动方案（含保单信息）和应急预案。学校要做好行前安全教育工作，负责确认出行师生购买意外险，必须投保校方责任险，与家长签订安全责任书，与委托开展研学旅行的企业或机构签订安全责任书，明确各方安全责任。旅游部门负责审核开展研学旅行的企业或机构的准入条件和服务标准。交通部门负责督促有关运输企业检查学生出行的车、船等交通工具。公安、食品药品监管等部门加强对研学旅行涉及的住宿、餐饮等公共经营场所的安全监督，依法查处运送学生车辆的交通违法行为。保险监督管理机构负责指导保险行业提供并优化校方责任险、旅行社责任险等相关产品。

第二章 研学旅行的目的与要素

第一节 研学旅行的主要目的

研学旅行的推动是落实教育改革的重要机会。在学校和教师、学生习惯于强调知识传授为主要教学形式这一现状下，若要透过研学旅行落实教育改革，则需要教育主管单位、学校、教师、学生与家长共同的努力与配合。我们首先要明确研学旅行的目的。

一、提升认知能力

中小学研学旅行应以提升学生认知能力为主要目的，即旨在培养学生基础知识和基本技能。在研学旅行过程中，要引导学生增强独立思考、逻辑推理、信息加工、学会学习、语言表达和文字写作的思维与素养，进而形成终身学习的意识和能力。现今是一个终身学习的时代，现在学会了多少不重要，重要的是人们是否有终身学习的能力。

学生在研学旅行过程中能真实地体验不同的自然环境、人文景观、科技建筑等，观察不同的自然、人文及科技环境的特征，验证学校所学习的知识，解决课堂上遇到的重点与难点问题。学生也可以在研学旅行的同时运用已具备的理论知识来解决现实生活中所遇到的问题，重新审视自身的知识结构，反思自己的学习行为，并且通过调查、对话、体验、操作等多种措施，解读所学知识的合理性，检验课堂学习成果。这一过程不仅能帮助学生夯实所学的基础知识，而且有利于提升其认知水平。仅靠背诵习来却不会应用的知识，不能使学生很好地面对未来社会各式各样的挑战。

二、增加生活经验、生存技能

现今的学校教育中，模式化的生活设计、竞争化的学习方式等，使学生背离了真实生活和学习的状态。让学生走进真实生活、增加生活经验及生存技能是研学旅行的主要目的之一。长期以来的教育重说教而轻实践、重道德灌输而轻情感体验，使学生的学习活动大多在教室中完成，即通过纸笔训练完成，缺乏真实生活的体验。研学旅行是一种更真切且直观的教育形式，它通过旅行和学习结合的方式，使学生真实地与自然接触、与社会接触、与他人接触、与自我接触，在真实世界中依靠学生的亲身经历获取知识、发展情感、形成正确价值观，符合教育的本质与追求。例如，组织学生参加三天两夜的农村生活和农事体验，协助学生真正了解生产生活的样貌，这样的研学旅行结合了知识学习和生活体验。它是在旅行和体验活动中让学生进行知识综合化学习和运用，实践"回归生活世界"的教育追求。

由于缺乏生活经验及生存技能，学生在面对突发事故时很容易受到伤害。汶川大地震的惨痛经历告诉我们，如果学生在地震来临时具备逃生的知识，同时拥有逃生的技能和良好的身体素质，就肯定会有更多的学生幸免于难。日本将野外生存能力视为青少年必备的一种生活技能，建立有专门的训练基地。研学旅行是在户外开展的教育活动，必须将训练野外生存技能视为重要的目的之一。要想在野外生存，必须学会以下"五会"和"四能"。

（一）"五会"

（1）会设营，就是知晓在没有任何设营器材的情况下，如何选择设营点和搭建帐篷、雪洞、窝棚、房屋，以及如何制作各种营房设施等。

（2）会在复杂情况和复杂地形条件下行进，包括懂得如何辨别方向、渡河，以及在山地、丛林、雪地、沙漠中行进等。

(3)会觅食，就是知晓哪些动植物可食用、哪些动植物不能食用，以及各种可食用动植物在野外条件下的食用方法等。

(4)会取火，就是知晓在没有任何点火工具的情况下如何点火、如何架锅烧饭等。

(5)会找水，就是知晓在没有饮用水的情况下如何找水，以及如何收集、净化、淡化水。

(二)“四能”

(1)能预防和处治日常伤病，如烧伤、骨折、蚊虫叮咬、头疼脑热等。

(2)能掌握野外急救护送的方法，如会做人工呼吸，会护送伤员等。

(3)能预防野兽的侵袭，如利用自然或人工条件进行伪装、熟悉动物习性，以及学会与野兽“打交道”、对付袭来的野兽等。

(4)能争取紧急救援，如掌握一般救援信号的发出，以及配合救援的行动方式等。

以上经验和技能在学校生活看似不重要，但若发生天然灾害或战争，可以说，它们都是存活保命的技能。

三、培养社会参与能力

教育的目的应是培养学生适应现今和未来社会的能力。社会参与的能力范围很广，主要分为以下几个方向。

(一)坚定政治信念

根据《意见》，研学旅行要培育和实践社会主义核心价值观，激发学生对党、对国家、对人民的热爱之情。应加强研学旅行基地建设，各基地要将研学旅行作为理想信念教育、爱国主义教育、革命传统教育、国情教育的重要载体，突出祖国大好风光、民族悠久历史、优良革命传统和现代化建设成就。从原国家旅游局公布的首批“中国研学旅游目的地”和“全国研学旅游示范基地”可以发现，10 个“中国研学旅游目的地”城市中有 2

个是红色旅游城市(井冈山、安阳),20个“全国研学旅游示范基地”中更是超过一半与红色研学旅行相关,如卢沟桥抗日纪念馆、侵华日军南京大屠杀遇难同胞纪念馆、西柏坡纪念馆、红岩景区、红旗渠景区等红色旅游经典景区。因此,学校可以使用这些旅游目的地或示范基地来进行爱国主义教育、革命传统教育、国情教育等,坚定学生的政治信念。

(二)养成道德修养

道德是“道”和“德”的合成词,“道”是方向、方法、技术的总称,“德”是指素养、品性、品质。道德往往代表着社会的正面价值取向,起判断行为正当与否的作用。个体道德的养成是一个内外兼修的过程,不仅要有主观上的自觉自愿的内在修养,而且要有道德教育的引导和社会环境的塑造。只有通过长期的实践,形成良好的道德行为习惯,把社会的道德规范内化为自律性的信念,个体的道德修养才会形成。

公民有良好的道德修养,代表这个国家的整体素质较高。德育教育在促进学生素质的全面发展中起重要作用。其一,德育教育是塑造职业道德的重要手段,能够增加学生的就业竞争优势,使学生在以后的工作岗位中走得更加长远。其二,德育教育能够促使学生形成正确的世界观、人生观、价值观,使学生走好人生道路的每一步。其三,德育教育还能够锻炼学生的心理素质,帮助学生养成积极向上的心态并潜移默化地影响他人,使整个社会充满正能量。研学旅行基本是在户外进行的教育,有很多进行德育教育的机会,如中华民族传统美德的尊老扶幼,在研学旅行过程中遇到老人或幼儿需要帮助,教师可以现场指导学生应该如何做。再如文明行为教育,当在旅游目的地进行活动时,教导学生排队、不大声喧哗、不攀折花木等,都是教导文明行为的最佳时机,可以使学生养成良好的道德修养。

在研学旅行的活动设计中,教师应该超越学校的局限,向自然环境和社会生活领域获取更多德育教育资源。教师应指导学生于真实情境中认识和体验客观世界,有效推进学生在研学旅行中开展道德与品格的对话,促进学生道德品质的内化。虽然研学旅行的时间有限,但道德修养的养成却是一个长期的过程，所以研学旅行还要把道德培养延伸到研学旅行完成后，让学生形成良好的道德行为。

（三）培养合作能力

一般在学校学习，除了少数小组合作讨论的课程，大多是独立学习或独自完成，学生很少有培养合作能力的机会。但在研学旅行中，学生可以通过自主参与活动，形成学习共同体。学生通过合作关系，在旅行的活动中相互交流、相互帮助、团队协力共做，进而丰富自身的社会体验、生活阅历，形成高效率的学习团体，提高学习效率。在研学旅行过程中，还应加强学生技能与情感的培养，特别是在学校中不容易培养的能力，如合作能力、探究能力等。

将培养学生合作能力作为中小学研学旅行活动重要目标之一，即要求在教授学生基础知识和基本技能的过程中，引导学生学会自我管理，学会与他人合作，学会集体生活，学会处理好个人与社会的关系，以及遵守、履行道德准则和行为规范。现今的社会，单打独斗的情况较少，大多需要团队合作，若能在研学旅行过程中培养学生的合作能力，对学生在未来更好地融入社会有重要的帮助。

（四）提升自主研究能力

在研学旅行中，学生要通过观察、了解与主动参与探究、体验，将课堂中的学科知识和鲜活的社会生活联系起来。学生的学习方式要从被动地接受转变为主动地体验、探究与合作，获得生存体验，以提高自身的生存能力和社会参与能力。研学旅行中很重要的是“研”，也就是学生要在旅行的过程中，针对自己感兴趣的问题，开展一定的研究性探索活动。学校在规划研学旅行活动时，要为学生留出开展个性化研究的时间和空间，充分引导学生在旅行过程中多方面搜集与当地风土人情、自然环境、历史文化等相关的信息和资料，开展调查、访问、考察、实验、设计、制作、探索、发现等方面的探索活动，将研究性学习和旅行体验结合起来，为培养个性化、创新型人才提供良好的成长空间。

四、加强创新能力

创新是知识经济的灵魂，是素质教育的核心。当今知识经济、网络科技的高速发展，对教育提出了严峻的挑战，培养创新型人才是教育的重要任务。对教育而言，就是要培养学生的创新意识、创新思维、创新精神，学生的创新能力提高了，才能为形成创新型人才打好基础。如何让学生学习创新、学会创新、乐于创新，教师是关键因素。以下是教师进行引导的步骤。

(1)激趣生疑。兴趣是学生学习的内驱力。教师可以采用多种教学方式，激发学生的创新兴趣，让学生产生探究真理的欲望，对事情提出疑问。

(2)探究质疑。当学生产生了疑问，教师要引导学生如何去质疑。一开始，学生可能提出一些不大重要的问题，通过教师的指导，学生逐步学会对课本中重难点提出疑问。学生质疑问难的能力逐渐形成。

(3)合作释疑。教会学生合作学习是一项重要的任务。只有学生学会合作学习，才能不断提升学习能力。每个学科都应重视合作学习，让学生可以在课堂中自由组合、展开讨论、去芜存菁。让学生在无拘无束的环境中讨论、交流与学习，共同找出解决问题的方法与策略。

(4)实践创新。学生学完课本内容后，教师可引导学生向课本外的知识拓展。学生可充分运用课内所学及生活中的所见所闻，大胆想象，让思维活跃起来，训练创新思维、发展创新能力。

了解以上培养创新能力的步骤后，接下来就是开展创新的课外活动。在课本内容较抽象、学校空间有限的情况下，研学旅行就是开展创新课外活动的最好机会。在设计合宜的研学旅行活动中，要让学生自己动脑、自己动手、自己设计、自己组织、自己管理，在活动中培养学生的创新精神与创新能力。总之，培养学生的创新思维与创新能力不是一朝一夕的工作，需要学校和教师们改变教学观念、重视创新意识的培养，在教学法上注重创新能力的形成，更要把握研学旅行的机会，实践创新育人的重要目标。

五、培育环境保护意识

环境保护意识是现代文明的重要体现之一，是人们关于环境保护的思想、观点、态度、价值和心理的总称。它不仅包含文化科学意识，而且包含思想道德意识。正确的环境意识，包含可持续发展意识、环境资源意识、环境价值意识等现代环境意识，是现代人全面发展的指标。要落实生态文明建设，树立尊重自然、顺应自然、保护自然的理念，最重要的是"本"，"本"就是人们自觉的环境意识。良好的环境意识和合适的环境行动来自优质的教育。反过来，优质的教育又可以促进人们形成良好的环境意识和素养，对于提升全民的生态文明素质有极大的意义。

现代儿童出现自然不足缺失症，他们对大自然接触越来越少，对自然越来越陌生，如何期盼他们能尊重自然、顺应自然、保护自然，且有良好的环境意识与环境行动呢？而研学旅行恰好是自然教育的帮手，是让孩子们重新连结自然的大好机会。当然自然教育也不是一年两三次的研学旅行可落实的。但是研学旅行的推动和受到重视，可以让教育部门、学校、教师、家长看到户外学习的成效，进而使教育部门、学校、教师、家长愿意让学生多接触自然，培养学生良好的环境意识与环境行动，使学生成为具有生态文明素质的公民。

六、促进文化学习

研学旅行到底是旅游产品、文化产品，还是教育产品？对此，学界存在争论：教育系统认为是"教育＋"，文化系统认为是"文化＋"，旅游系统认为是"旅游＋"产品。这些都是在条块分割管理体制下已经固化了的本位论思维模式的争论。一般认为，研学旅行以文化为内涵，以教育和旅游为传播途径，既非单纯的旅游，也非纯粹的教学，而是介于"游"与"学"之间，同时融合了"游"与"学"的内容，是一种以"游学相伴、游学交融、知行合一"为特征的文旅教育融合的产品。"游中学，学中游""寓教于乐，寓教于游"等，最能够体现文旅融合与文化旅游的本质与内涵。

研学旅行的宗旨就是：让学生走出封闭的学校生活，去感受美好的自然世界和文化生活；欣赏祖国的大好河山，体验中华民族的传统美德和伟大成就；学习革命先烈不畏牺牲、保家卫国的英勇精神。因此，研学旅行除了有提升认知能力、增加生存技能、培养社会参与能力等目的外，还有另一个重要目的，即促进文化学习。首先学生要增加对传统文化的深入了解。如果把一个民族的发展比喻成一棵大树，这棵大树之所以能够枝繁叶茂，其根本在于大树根系的发达，所谓“根深才能叶茂”。而一个民族之树的根，就是一个民族的文化。中华民族历经辉煌和磨难至今，很大程度上是中华文化的力量在支撑民族的发展和未来。例如，想让学生了解孔子文化与儒家思想，除了学习孔子的著作外，还可以通过到孔子故里进行研学旅行活动，参加孔庙朝圣、穿汉服、拜先师。学生们步入万仞宫墙，到大成殿亲自参加祭孔大典，向先师敬献花篮，行祭拜礼，诵读《论语》，感受传统文化的氛围。“尊师有礼，礼传天下”，这样的研学旅行传承了中国尊师重道的传统美德，也激发了学生学习和传承中国传统文化的热情。

中华民族是由56个民族所组成的，要做到多元民族融合，每个民族都需要学习不同的民族文化并且互相尊重。了解不同文化的方法之一是亲自到不同民族的生活地去体验与学习，从当地的生活环境、建筑、庙宇，到无形的资产，如语言、音乐、舞蹈、习俗等深入了解与体会当地文化。因此，学生可通过研学活动的安排，走出学校，到不同民族的生活地进行不同文化的体验与学习。

第二节　研学旅行的目的地范围

研学旅行是一种教育革新，对学校和教师都是一项重大的挑战。那么，学校和教师应如何规划研学旅行，安排学生到哪里进行研学旅行最合适呢？《意见》中对中小学生研学旅行目的地的范围有相应规定：小学生以省内研学为主；初中生以省内和周边省份为主；高中生以境内为主，有条件可适当组织开展出境研学旅行。省内、周边省份或国内哪些地方适合研学旅行,是学校和教师要审慎考虑的。

研学旅行不是一个单独的科目,它应有清楚的教学目标,结合学校内的学习,再将学习的范畴延伸到校外,根据学习的需求可伸展到省内及国内不同的地点或目的地。以小学中高级为例,先设定某学期完善的教学目标,结合现有的科目(语文、数学、品德与社会、英语、音乐、体育、美术、科学),利用学校可取得的资源(如书籍、计算机、标本等)或学校已有的资源(如运动场、树木、池塘等)进行教学。确定哪些内容需要利用校外设施、资源或场所进行辅助教学,以达到更好的成效,即可规划研学旅行活动,最终达到最佳的教学成果。在城市(乡村),可利用当地的公园、博物馆、红色教育资源、特殊建筑、动物园与植物园、农场、古城与古镇、河川与湖泊、工矿企业等;在全国,可利用知名院校、国家公园、自然遗产、文化遗产、水库与水坝、国家级湿地、森林与草原、海洋与海滩等进行研学旅行。

当然,研学旅行的地点不局限于国内,若经费、时间支持,也可安排到国外进行研学旅行。以下分别说明城市(乡村)及全国可以用作研学旅行的地点。

一、植物园或公园

一般来说,植物园会有各式各样的植物,即使个别的城市(乡村)没有植物园,通常会有公园。学校可以利用植物园(公园)进行生物多样性的研学旅行课程。首先,可在学校先练习校园植物记录及分类方法。到植物园后,可将学生分组,使其分别在不同区域进行植物记录及分类。例如,可分为木本植物与草本植物,或者分为水生植物与陆生植物。植物记录可以用表格、自然笔记等方式记录。

二、博物馆

博物馆是重要的研学旅行基地。

在博物馆进行的研学旅行活动不同于一般的导览活动。为避免学生“观而不学”的现象,应做到以下两点。

一要加强学生与博物馆展品的互动，只有这样，才能充分且有效地利用博物馆研学课程实践性。

二要加强学生动手的机会。例如，在大同市博物馆开展的“认识魏碑”研学课程中，除了带学生参观出土的北魏碑刻，还组织学生进行魏碑拓片的制作。这样的教学方式不仅促进了学生互相之间的协作，而且让学生进一步了解了北魏碑刻及书法的历史地位，能够使其深刻体会碑刻的精神。

博物馆可以设计互动性、探究性、体验感强的深度课程，利用多元的教学方式，如游戏、角色扮演、团体课题竞赛等形式，让学生们积极参与进来，也让博物馆变得“活”起来、好玩起来。而博物馆本身要建立营销策划团队，使设计探究性、体验感强的研学活动成为一种制度，进而促进博物馆研学的持续发展。

三、文化遗产、古城与古镇

中国历史悠久，是世界文明古国，文化遗产、文化纪念地、古城与古镇、历史建筑等遍布全国。我国中小学的语文、历史、地理、道德与法治等课本和课程多有介绍到中国的文化遗产、文化纪念地、古城与古镇、历史建筑等，学生可充分利用研学旅行的机会，在学校老师和专业团队的带领下，亲自造访这些历史古迹，读懂它们背后的故事，进而深刻体验祖国的大好风光、民族悠久历史与优良革命传统。

学生研学旅行目的地范围很广，不能仅仅局限于世界文化遗产地或国家文化遗产地这些地方，应该加大宣传及政策支持，让各省、市(区)的文化纪念地、古城与古镇等都“动”起来。为此，以下有三点建议可供采纳。

(1)可根据当地的文化特色，打造地方研学基地(营地)，并结合当地的地理性，体现出异域性。

(2)可设立地方专门管理机构进行指导、管理和监督中小学的研学旅行活动。

(3)可制定相关政策制度予以支持和引导,专业人才的集聚是关键环节,当地的政府与企业应该与地方高校进行合作,为研学旅行培养更多高素质的人才,形成地方专业人才队伍,以使研学旅行往高质量的方向可持续发展。

第三节　研学旅行的要素

研学旅行是由教育部门和学校有计划地组织安排,通过集体旅行、集中食宿方式开展的研究性学习和旅行体验相结合的校外教育活动,是学校教育和校外教育衔接的创新形式,是教育教学的重要内容,是综合实践育人的有效途径。简单来说,研学旅行就是以旅游形式开展的教育活动,并要遵循教育性、实践性、安全性及公益性四大原则。在一般旅游活动中,旅游者是旅游主体,旅游吸引物为旅游客体,旅游产业为旅游中介。而在研学旅行中,学生是旅游主体,旅游吸引物(基地)为旅游客体,研学旅行服务机构为旅游中介。研学旅行的要素包含学生、研学旅行课程、研学旅行基地(营地)、研学旅行导师、研学旅行服务机构、学校及教师、政府教育部门(教育部、教育厅、教育局)等,这些要素在研学旅行中扮演不同的角色。

一、学生

学生是研学旅行的第一核心要素。长期以来,由于传统文化的渲染和导向,学校、教师、家长及学生形成了考试成绩至上的理念,将考试取得高分视为教学与学习的主要动力,严重阻碍了学生综合素养的培育和发展。占主导地位的学科课程割裂了知识的完整性,使知识去情境化,限制了学生全面且个性化的发展。研学旅行的推动正好可通过这种重视教育性、实践性的课程,解决教学上内容片面化、学科化、形式化严重等问题。推进研学旅行,首先要将研学旅行与学校课程紧密结合,其次要把握研学旅行的独特人本价值与教育意义。

学校在进行课程设计时，要根据旅行路线筛选出不同类型、不同内容的课程资源，对学生进行调研，了解学生的兴趣和需求，结合学生身心特点、接受能力和实际需要进行设计。研学旅行活动是面向学生集体开展的，因学生的兴趣、爱好各不相同，研学旅行活动虽无法满足每个学生的个性化需求，但也要尽量避免设计单一的目标和内容，应该广泛、深入地进行教育资源的开发，拓展学生学习的空间，在研学旅行活动中设计多元化的目标和内容。《意见》指出，研学旅行活动要因地制宜，呈现地域特色，引导学生走出校园，在与日常生活不同的环境中拓宽视野、丰富知识、了解社会、亲近自然、参与体验。因此，学校在设计研学旅行活动时，要更加关注活动的实践性，避免只是简单地参观和听讲解，而是要设计实践性和体验性强的活动，引导学生在实践和体验的过程中将书本知识和现实生活联系起来，丰富感性认识，提升理性思考。研学旅行活动的主体是学生，学校在进行研学旅行课程设计时，要特别重视学生的自主性，为学生提供更多自主发展的空间与机会。

二、研学旅行课程

研学旅行课程是研学旅行的第二核心要素。在研学旅行的整体实施过程中，研学旅行课程的开发是研学旅行质量提升和内涵发展的核心环节，研学旅行课程是彰显研学质量的关键因素，不同的课程设计也代表了不同的教育形式。不同于一般的旅行活动，研学旅行是旅行与教育的融合。它既有异地出行的旅行内容，也有研学的教育内容，即进行研学旅行课程设计时有明确的教学目标、教学任务、教学内容、教学原则、教学方法、教学评价标准等，由此可见，研学课程是研学旅行不可或缺的一部分。

研学旅行具有课程化的特点。各中小学要结合当地实际，把研学旅行纳入学校教育教学计划，与综合实践活动课程统筹考虑，促进研学旅行和学校课程有机融合。这进一步明确了教育范畴下研学旅行的课程属性，这就要求研学活动课程化、规范化，课程活动要能够可操作、可考核、可量化、可评价。因此，学校及教师要精心设计研学旅行活动课程，做到立意高远、目的明确、活动生动、学习有效，避免“只旅不学”或“只学不旅”现象的发生。

研学旅行课程设计必须根据学生不同年龄特点、不同地区、不同学段素质教育的需求来制订学校、学段、学期实施性研学旅行课程计划。要有具体的课程目标、课程安排和课程评价，避免将研学旅行变为盲目的“放羊式”的旅游活动。同时，研学旅行课程也要秉持“寓教于乐”的宗旨，注重课程设置的趣味性和体验性，要采取多样的教学方式，设计丰富多彩的课程内容，注重研学过程的启发性与教育性，让学生在学习知识的同时获得快乐。

三、研学旅行基地(营地)

研学旅行基地（营地）是研学旅行的空间载体，研学旅行活动必须依托活动基地（营地）才能实施。研学旅行基地（营地）是提供各类自然和人文旅游资源，让学生能认知、体验乡情、市情、省情、国情的各种旅游载体和平台。《关于促进旅游业改革发展的若干意见》提出：“支持各地依托自然和文化遗产资源、大型公共设施、知名院校、工矿企业、科研机构，建设一批研学旅行基地（营地），逐步完善接待体系。”因此，要充分利用已有的旅游资源，将其进行资源整合，赋予其文化意义，完善基础设施服务体系，从而打造研学旅行基地（营地）。

目前，市场上研学旅行基地（营地）主要有以下三种。

（一）教育部门和旅行机构设立的研学旅行基地

教育部门和旅行机构为开展研学旅行活动而专门设立的研学旅行基地（营地），此类研学旅行基地（营地）的建设必须对接学校教育、学校课程，分阶段执行，结合专家、教师等意见，并针对小学与中学研学旅行内容的不同而做出相关调整，如上海东方绿洲“修学旅游中心”。

（二）在常规旅游景点中打造出的研学旅行目的地

在常规旅游景点安排研学旅游活动，将其打造为可开展研学旅行的旅游目的地，比如苏州的世界文化遗产留园就设计了认识和体验古典园林的活动项目。

（三）由高校的教育资源转化成的研学旅行营地

高校将学校的教育资源转化为研学旅行的旅游资源，如浙江旅游职业学院就充分利用校园内的烹饪实训室、品酒实训室开发西点 DIY 制作和进行美酒鉴赏活动。

以上无论是哪一种研学基地（营地），都需要利用自身的特色资源，根据不同学段和地区学生的素质教育的需要，创设研学活动的情景，并且研学旅行基地（营地）内不应该仅仅提供让学生游览观赏的资源，更重要的是提供兼具教育性和趣味性的体验活动，让学生参与其中，让学生在娱乐中学习知识，增长见识，获得成长，否则学生参与的积极性将大打折扣，学习效果也会不尽如人意。

四、研学旅行导师

研学旅行导师是研学旅行的关键，优秀的研学旅行导师是保证研学旅行质量的重要因素。研学旅行作为一种新型的学习任务，既不同于传统的团体旅游，也不同于传统的课堂教学。这个任务的执行仅依靠承担课堂教学任务的教师和传统景区配备的导游是无法完成的，因为学校教师虽然教学经验丰富，但没有带队外出经验，而导游虽然具备丰富的历史文化知识和带队经验，但缺乏教育学生的专业性。因此，需要兼具教师和导游双重功能的专业的研学旅行导师来组织实施，这就要求研学旅行导师既要善于研学的辅导，又要善于旅行的组织。

关于研学旅行导师与一般的教师和导游的区别，《研学旅行服务规范》有明确规定："研学旅行导师是研学旅行过程中，具体制定或实施研学旅行教育方案，指导学生开展各类体验活动的专业人员。"一名合格的研学旅行导师除了应掌握扎实的教育、教学知识以外，还应具备相关的导游技巧，旅行途中多种教育活动的开展、相关细节的落实，以及和景区的沟通与协调等都需要研学旅行导师的统筹与规划。研学旅行除了"游"之外，更重要的是“学”，这就要求研学旅行导师有广阔的知识面、专业化的知识作为基础，能根据研学课程要求，创设研学情境，善于在研学旅行的过程中，巧妙地将研学内容、旅行知识、人工智能等元素融入课程体系之中，引导学生进行探究性和体验式学习。

五、研学旅行服务机构

研学旅行服务机构是联系参加研学旅行的学校学生与旅游目的地资源的中介。研学旅行服务机构参与研学旅行是将教育和旅游部门相结合，使两个部门发挥各自的优势，学校将烦琐的旅行移交给经验丰富的研学旅行服务机构代为操作，从而能够集中精力关注“研”和“学”，既能提高安全保障，又能给学生减轻经济负担，使研学旅行既有“学”，又能“游”。而作为中间桥梁的研学旅行服务机构可以在充分了解学校、教师和学生的需求后，发挥自己的专业优势为其推荐、设计适合教学内容的旅游目的地及旅游活动。同时，研学旅行一般采取集体出行、集中食宿的方式，出行方式与旅行社组织的团队旅游比较接近，适合研学旅行服务机构发挥组织团队、设计线路、策划活动的经验，为学生在旅行过程中的“食、住、行、游、购、娱”等各方面提供安全有保障的旅游服务。

面对研学旅行带来的发展契机，研学旅行服务机构要抓住政策环境的利好因素，改造升级传统业务。需要注意的是开发研学旅行活动课程不是面向大众需求生产旅游线路，而是基于学校文化和学生认知特点定制研学旅行，包括设计主题、甄选教育资源、设定教育目标、策划探究活动，既要满足课程的一般规定性，即课程目标、课程资源、课程组织、课程评价，又要体现教育目的，即自主性、实践性、开放性、整合性。为此，研学旅行服务机构需要成立专门的研学旅行实践部门，打造专业的课程研发团队，运用课程论、多元智能、建构主义等教育理论完成课程的总体设计，同时，研学服务机构还需要完成旅游资源再认识和再选择，甄选有教育价值的旅游资源并深度开发。总之，研学旅行不能仅仅沿用旅行社传统业务中串联热门或高冷景区的做法，而应结合教育主题的文化内涵考察旅游资源的教育价值,通过严格筛选旅游资源,确保教育目标、教育资源、教育活动的高度结合。

六、学校及教师

学校是研学旅行的决策者和组织者,教师在活动的设计、组织、实施、评价等环节发挥主导作用,学校及教师的作用贯穿于研学旅行活动的全过程。因此,研学活动的顺利进行,离不开学校制定的科学严密的操作流程,也离不开教师的认真组织和贯彻执行。

研学旅行前,学校要充分考虑学生的身心发展情况和兴趣特点,充分尊重学生的意愿和需求,与研学旅行服务机构一同拟制研学旅行方案(含安全方案),并上报有关教育部门批准。而教师通过学生平时的学习情况,了解学生的学习需求,有利于提出适合学生发展的研学旅行方案。同时,教师可通过让学生观看录像、书籍资料等方式使学生对目的地有大概的了解,激发学生的好奇心,并且可以让学生确定研学旅行主题、预设研学旅行内容,确保每个学生都积极参与到研学旅行中。另外,教师还可以与家长进行沟通,做好学生家长的工作,将研学方案告知学生家长,获得其理解与支持。

研学旅行过程中,学校要积极配合研学旅行服务机构和研学导师,严格执行计划,做好应急处理,对各类可能的问题进行科学预判,未雨绸缪,防患于未然。教师更要抓住每一个教育机会,使学生的全面发展和个性发展得到兼顾,同时要协助研学旅行导师,使研学旅行活动更顺利地开展与进行。

研学旅行结束后,学校要加强后续管理,及时做好研学旅行的总结工作,转化研学旅行成果,总结交流经验,不断完善学校研学旅行课程设计和方案制定。学校应根据学生在研学旅行中的活动表现,建立相应奖励机制,将其作为衡量学生综合素质的重要标准,设立多种评价方式,做到过程性评价与结果性评价兼顾。教师可以对学生的活动表现、身心变化程度等进行评价和记录,并通过征文、摄影、绘画比赛等活动,进一步提升学生的综合素质。对于像历史、地理等实践性较强的科目，可以让学生完成相关的考察报告，进一步提升学生的学科素养。教师也可以举办展览会、座谈会、交流会等，邀请学校管理层、学生家长、社区人员等进行旁听，学生就旅行中所获得的心得体会等进行交流，采取学生自评和教师他评相结合的方式，选出优秀个人、团队等。

七、政府教育部门(教育部、教育厅、教育局)

(一)教育部门是研学旅行的推动方

教育部门包含教育部及各省市的教育厅、教育局等。教育部对研学旅行的发展十分重视，并且在政策和经费上进行了支持。目前，研学旅行发展如火如荼，但民众缺乏对研学旅行的正确认识，因此教育部门应向民众普及正确的研学旅行教育理念，加强民众对研学旅行的认知，使民众充分重视研学旅行在素质教育中的重大作用。除了推动研学旅行理念的传播，政府在政策上也为研学旅行提供了支持，如为研学旅行设置专项旅游发展基金、设置专项奖励经费来扶持研学旅行服务机构及教育机构进行研学旅行产品开发，这些措施推动了研学旅行的发展。

(二)教育部门是研学旅行的监管方

研学旅行活动的开展涉及社会的各个方面，为了有效保障学生安全，教育部门明确责任分配，其联合交通部门、安全部门、水利部门、工信部等行政管理部门协同建立研学旅行协调管理小组，专人专项，确保工作责任下发至个人，同时对设计的研学路线进行安全评估，拟定安全规范，制定应急预案。另外，研学旅行实施过程中，必然会涉及一些旅游企业乃至教育机构的参与，多部门合作时，不同理念有时难以统一，部分企业或教育机构有“逐利”倾向。因此，研学旅行能否真正做到以“学生为主导”，就需要教育部门保持警惕，实施有效的管控措施。

(三)教育部门是研学旅行的保障方

教育部门必须为学生的研学旅行活动保驾护航，提供各类保障措施。

第一,组织保障。教育部门要建立工作领导机构,制定有关制度,不断总结推动,为学校开展研学旅行活动提供政策支持,要制定具体工作方案,建立研学旅行长效管理体系。第二,课程保障。教育部门要制定研学旅行课程方案和标准,将研学旅行和课程改革结合,突出课程性,开发自然类、历史类、地理类、科技类、人文类等研学旅行课程体系,将学生参加研学旅行活动结果纳入学分管理体系和综合素质评价。第三,安全保障。教育部门要制定详细的安全应急预案,要对参与活动师生进行安全防范知识和技能培训,要选择有较高资质、较好社会信任度和较强风险管理能力的研学旅行服务机构作为实施单位,力求做到防患于未然。

第三章 研学旅行活动课程的研发

研学旅行活动课程具有跨学科、跨领域的特点，所以研学旅行活动课程研发跟其他学科课程研发有很大不同，具有较高的难度。目前，仅有极少的中小学校倾注精力，由学校承担了研学旅行活动课程的研发工作；大多数的中小学校的活动课程研发是在学校的主导下，由研学旅行服务单位（旅行社、机构、教育公司等）帮助完成。

研学旅行活动课程的研发，是整个研学旅行活动最基础和最关键的环节。研学旅行活动课程研发者必须明白，研学旅行活动课程是学校各学科课程知识的校外延伸和拓展，是一门综合实践课程，活动课程内容必须与课本知识相链接；同时也必须认识到，研学旅行活动课程是课堂学习方式的一种变革，更加注重自主学习、合作学习和探究学习，更注重对人“终身学习”能力的培养，更注重“人”的全面发展。

第一节　研学旅行活动课程研发的指导思想和基本原则

研学旅行本身是一种研究性的学习活动，必须体现自主学习、合作学习、探究学习等特点，因此，“研究性”是研学旅行活动课程的首要特征；研学旅行是一种通过体验来达成教育目标的育人方式，强调体验活动和体验过程，没有旅行体验就不能称之为研学旅行，“体验性”是研学旅行活动课程的第二个突出特征。研学旅行活动课程除了具有研究性和体验性两个核心特征外，还具有计划性、团体性、社会性、生活性等特点。可以说，研学旅行活动课程是一种体验教育方式、社会教育方式，更是一种生活教育方式。

一、研学旅行活动课程研发的指导思想

研学旅行活动课程是一种独立的课程形态，是一种生活性和经验性课程，在研发时需要考虑学生的年龄特点，结合学校实际，从学生的兴趣出发。虽然，我国当下的研学旅行活动课程研发，主要是在学校的主导指导下，由承办方具体完成，但其发展方向却是学校师生共同设计活动课程方案，突出活动课程的有效性和综合性教育目的。研学旅行活动课程研发者，必须把握好活动课程研发的指导思想，把“立德树人”融入思想道德教育、文化知识教育、社会实践教育等环节，以培养学生的综合实践能力和创新能力为核心，以学生发展为本，全面提升学生综合素质，把培养德智体美劳全面发展的社会主义建设者和接班人作为根本任务，培养一批又一批能担当“中华民族伟大复兴”重任的合格人才。

二、研学旅行活动课程研发的基本原则

(一)安全性原则

研学旅行活动课程研发要确保安全性。研学课堂多在路上，开放性非常强，要时刻绷紧安全这根弦，始终坚持“安全第一”的原则。研学旅行的组织方及承办方需要对研学线路、课程设计、组织方案、实施过程、实施效果等进行“行前、行中、行后”的科学评估，切实做到“活动有方案，行前有备案，应急有预案”，确保活动过程中每个环节的安全性。

(1)研学旅行服务单位要建立、健全各项安全管理制度及安全应急预案，把研学旅行的安全管理工作贯穿于整个研学活动过程中。

(2)要切实加强对学生的安全教育，增强学生的安全意识，强化学生安全防范意识，提升学生实现自我管理的能力。

(3)对研学旅行所涉及的交通、酒店、餐厅、研学旅行资源等各个方面,要尽心选用具有正规资质的车队合作;尽心选用通过食品卫生安全检验的标准餐饮单位用餐;尽心选用标准宿地,要求住宿场所为封闭或半封闭区域,有消防通道保障安全,内部设施齐备,房间适合未成年人居住,无不良商品及物品等。

(4)配备专职的研学旅行安全员,严抓各个环节的安全细节,规范操作;同时加大对研学旅行指导师和研学旅行生活辅导员的管理及培训工作,提升紧急救护和风险防控能力。

(二)教育性原则

研学旅行作为一种校外教育教学实践活动,具有明显的教育属性。研发过程中,要运用教育思维,依据教育教学原理,尊重教育规律,结合学生的身心特点、接受能力和实际需要,做好课程的内容选择。研学旅行不是简单的“教育+旅行”,研学旅行活动课程要做到立意高远、目标明确、活动生动、学习有效,并注意体现其目标性、生动性、合作性、体验性、开放性、安全性的特殊要求。在设计课程时,需要着重思量以下两个层面的问题。

1. 如何体现学校的校园文化特色

研学旅行活动是校园文化建设的新抓手,要以校园文化指导研学旅行发展,相应地也可以通过研学旅行来锻铸学校文化,践行学校精神。研学旅行活动课程研发时应注重与校园文化的“三结合”:一是找到与学校文化精神契合点较高的研学旅行资源,巧妙设计研学课题;二是把学校文化建设中的学校课程与研学旅行相结合,提高“行”的实效性;三是通过研学旅行活动课程,内化学校文化,促进学生的素质提升。

2. 如何凸显鲜明的地域文化特色

研学旅行活动课程更加关注人与自然、人与他人、人与社会、人与国家、人与自我之间的关系。所以,要以学生为中心,同省情、市情、乡情相结合,凸显地域文化或研学旅行资源点的主题特色,根据特定节日(比如清明、端午等我国的传统节日)或春夏秋冬四季的特点设计活动课程。

（三）实践性原则

研学旅行是研究性学习和旅行体验相结合的校外教育教学活动，研学是目的，旅行是手段，通过在旅行中开展的各种教育活动和学生的亲身体验来实现综合育人目的，因此研学旅行活动课程研发要突出实践性。古人云“纸上得来终觉浅，绝知此事要躬行”“耳闻之不如目见之，目见之不如足践之”“读万卷书，行万里路”，其意就是要重视实践，理论只有与实践真正相结合，才能实现知行合一。

（四）融合性原则

作为综合实践育人的有效途径，研学旅行以统筹协调、整合资源为抓手。研学旅行活动课程资源的筛选、教育线路的设计、活动课程任务的确立都需要进行创造性的整合。从课程资源来看，既包括校内外教育资源整合、跨界融合，也包括多学科、跨学科整合。同时，还要重视校内课程与校外实践、校内教师与校外执业人员之间的互动等，从而实现校内外教育的有效融合。

（五）整体性原则

研学旅行涉及中小学生各个学龄段，小学、初中、高中持续递进。每个学龄段的学生都具有其独有的心理特征、学习特点和认知能力。研学旅行活动课程研发设计需要有规划、具有前瞻性，尊重中小学生各年龄段的生理特征和学习特点，设计连贯性、持续性、整体性的课程方案和评价方法，构建全学段研学旅行活动课程体系，做到整体规划、循序推进、有效实施。

（六）实操性原则

研学旅行是通过“集体旅行”“集中食宿”方式开展的活动课程，是需要广泛利用社会资源，借助社会各类专业力量，协调“用餐、住宿、交通用车、景区景点、基地或营地”等诸多研学旅行服务要素，多方共同参与并实施的活动课程。因此，研学旅行活动课程方案是否具备实操性就显得格外重要。无论是中小学校还是研学旅行承办单位，在研学旅行活动课程方案研发过程中，都需要广泛考量跟研学旅行相关的活动课程实施要素，充分把握活动课程研发所需的资源知识，全面了解当地交通、食宿、安全等实际情况，做到心中有数，保障所研发的活动课程能够得到安全有效的实施。

第二节　研学旅行活动课程的基本构成要素

研学旅行活动课程是一门“在路上”的课程，是综合实践育人的有效载体，精心设计丰富多彩的活动课程是提高研学旅行质量的根本保证。一门比较科学、规范的研学旅行活动课程需要具备一些基本要素，主要由课程主题（名称）、课程目标、课程时空、课程内容、课程评价、课程保障六部分构成。

一、课程主题（课程名称）

课程主题（课程名称）就像一个人的名字，要准确恰当，简洁易记，主题明显，突出特色；课程主题要具有教育性、实践性和融合性，一般不要太长。课程主题要根据不同地域、学科、人文历史、科技体验等内容进行设定，要体现出研学旅行活动课程的教育侧重点（爱国主义教育、传统文化教育、理想信念教育、科技信息教育、国情教育，等等）。

二、课程目标

课程目标体现了教育的本质和发展趋势，是研学旅行活动课程的方向和导引，是研学旅行活动课程设计的前提和基础。研学旅行活动课程研发人员需要明确研学旅行的目标，研学旅行课程内容的选取、课堂活动的设计、课程实施和课程评价都要以课程目标为导向，只有这样，才能实现研学实践活动的效果。作为全面落实我国基础教育方针的新型课程，研学旅行活动课程需要落实新课标的“三维目标”，活动课程的研发者需注意两个问题：

(一)准确把握我国研学旅行的工作目标

教育部等11部门《关于推进中小学生研学旅行的意见》提出“研学旅行是让广大中小学生感受祖国大好河山,感受中华传统美德,感受革命光荣历史,感受改革开放伟大成就,增强对坚定‘四个自信’的理解与认同;同时学会动手动脑,学会生存生活,学会做人做事,促进身心健康、体魄强健、意志坚强,促进形成正确的世界观、人生观、价值观,培养他们成为德智体美劳全面发展的社会主义建设者和接班人”。简言之,研学旅行的工作目标就是“四个感受、一个增强、四个学会、两个促进、一个培养”,可以说,这个工作目标是一切研学旅行活动课程研发的总目标。

(二)正确理解“三维目标”

我国基础教育课程改革确定的新课标提出“知识与能力、过程与方法、情感态度与价值观”的“三维目标”。作为基础教育课堂教学目标,三维目标是一个问题的三个方面,不是独立的三个目标。在课堂教学中,不能完成一维目标再落实另一维目标,它们三者相互融合、彼此渗透,统一于学生的成长与发展中。三者中,知识与能力是基础,也是教学目标的核心,是实现过程与方法、情感态度与价值观两个维度的载体。过程与方法是链接知识与能力和情感态度与价值观两个维度的渠道,情感态度与价值观是教学中知识与能力、过程与方法的升华,是教育目标的最高层级。具体而言,研学旅行活动课程要改变知识的呈现、表达和评价范式,使知识动态化、过程化;引导学生掌握知识、能力的学习方法与策略,学会学习、学会创造;让学生在经历知识形成的过程,在活动、实践、探究中体验知识的丰富内涵,获得知识多方面的价值,实现知识向能力、情感、素质的转化。

研学旅行活动课程的研发者要在研学旅行总目标的指导下,在深入理解“三维目标”的基础上,确定具有针对性的研学旅行活动课程方案目标和研学旅行活动单门课程目标。研学旅行活动课程目标不需要拘泥于某种固定的格式,但在确定课程目标时,需要考虑学校的校园文化、整体育人理念、育人目标和学校具体的研学旅行需求。

目前，纵观国内的研学旅行活动课程，对于课程目标的表述有多种形式，比较普遍的表述形式有“知识与能力、过程与方法、情感态度与价值观”“三维目标”形式，“知识、能力、情感态度”形式和“融合”形式，等等。

【示范材料】

“课程目标”的不同表述形式示范

第一种：“知识与能力、过程与方法、情感态度与价值观”“三维目标”形式的课程目标表述示范

【课程名称】

乐之中和——走进孔子礼乐思想

【课程目标】

1. 知识与能力

(1)通过在孔子博物馆的参观学习，掌握编钟的相关知识，了解编钟背后所代表的礼乐文化。

(2)通过音乐欣赏和聆听展厅详细讲解，认识和剖析孔子音乐思想与音乐实践活动的本质，了解孔子“乐”的内涵与魅力，感悟孔子的礼乐思想及其在当今生活中的意义。

2. 过程与方法

通过音乐欣赏、互动讲授与实物教学等方法，培养学生收集分析、独立思考、自主探索、跨学科融合的意识，初步学会能够利用博物馆资源进行“主动探究式”学习。

3. 情感态度与价值观

增强学生的文化自信，拓宽音乐视野，培养审美意识，更好地理解并传承孔子礼乐思想特有的文化内涵和儒家思想精髓，弘扬中华优秀传统文化，树立正确的人生观、世界观和价值观。

第二种：“知识、能力、情感态度”形式的课程目标表述示范

【课程名称】

“稷下之风·齐风陶韵”山东齐文化三日研学实践活动方案

【课程目标】

1. 知识目标

(1)通过参观、考察淄博的研学资源，增加对齐文化的了解，建立历史视角，拓宽文化视野，提升文化知识素养。

(2)通过解读成语故事、诵读经典诗词、体验淄博的非遗文化和传统手工技艺，感受匠人对中国传统技艺的热爱和执着，感悟大国工匠精神。

(3)感受泱泱齐风，探寻作为春秋五霸之首、战国七雄之一的齐国，存续达八百年之久、创造辉煌灿烂的齐文化的奥秘，探究齐文化的内涵。

2. 能力目标

(1)以学生发展为出发点，借助真实的情境，通过研学旅行指导师的组织和引导，调动学生的积极性，提高学生的自主学习能力、独立探索能力，提升学生的综合素养。

(2)在团队活动中，让学生学会分享，懂得尊重与合作，锻炼沟通、表达能力，培养团队精神。

3. 情感态度目标

(1)感慨古代先民的勤劳智慧和创造能力，提升学生的审美情趣和动手能力，增加对中华传统技艺的了解，加深对中国传统文化的热爱，激发学生传承和弘扬中华优秀传统文化的情怀。

(2)了解齐文化的精神价值，感受齐文化的博大精深，激发学生的爱国之情，增强学生对国家的认同感、民族的自豪感和自信心。

第三种："融合"形式的课程目标表述示范

【课程名称】

了不起的徽州建筑——"民间故宫"

【课程目标】

1. 通过参观，欣赏古村落天人合一的布局，考察不同形态的街巷与空间结合，产生繁复的空间意向交织，形成独具韵味的多维景观，探索马头墙的由来与作用、黑白灰主题色调的美学思想；

2. 了解“徽派建筑三绝”与“徽州三雕”：徽派建筑的木、砖、石“三雕”艺术，是一份极其珍贵的中华民族地域文化的沉积物，有利于探视中国传统艺术的精神风貌。

3. 探索徽州楹联文化；了解徽商对徽州村落的积极影响、徽商与江南园林的关系。

4. 通过对西递的敬爱堂、追慕堂等大型祠堂的探究，感知古人重视教育、重视家风传承、重视宗族延续的积极意义。

三、课程时空

研学旅行是在特定的时间和空间内进行的，时间和空间是影响研学旅行活动课程效果的两个重要因素。研学旅行是利用正常教学计划内的时间，避开旅游高峰期进行的一种教育实践活动。研学旅行活动课程设计要考虑到研学时间和空间的选择，比如：研学旅行目的地适宜的时间、研学旅行活动所需时间等，都需要周密计划、合理安排；研学旅行活动课程研发需要对研学时间和空间进行详尽考虑，统筹协调，通常情况下，研学旅行活动课程研发者的实践经验决定着研学旅行的宽度和长度。

研发过程中，首先要充分考虑研学旅行活动课程的实际需求，重点关注地域转移涉及的空间和时间、交通条件以及相应成本；其次要提早考虑将来课程执行时的各个出行时间节点及行程距离，以便于组织、实施课程时可以做到精心布置、周密计划、合理把控，保障整个研学旅行的有序进行。

四、课程内容

教育部等11部门《关于推进中小学生研学旅行的意见》对于研学旅行活动课程内容已经有了明确说明，即“小学阶段以乡土乡情为主要内容，初中阶段以县情市情为主要内容，高中阶段以省情国情为主要内容”。所以，课程内容要与国家课程、地方课程、校本课程知识相链接，突出地域文化和自身特色;符合学段学生身心特点,有完成研学旅行的任务单、知识点、研究性课题、体验性活动;拓展已有知识,突出知识创新。

研学旅行是探究性和体验性的活动课程。独具特色的活动设计是课程内容的"吸睛点",整体上要做到科学、高效。活动设计时要注意四个方面:第一,活动安全要有保障;第二,活动时间安排要明确,学段设置要合理;第三,活动设计符合课程内容要求,难易度适中,符合学生学龄特点,活动衔接流畅;第四,活动要具体,寓教于乐,操作性强,体现参与性、体验性和实践性。

五、课程评价

课程评价是检验课程目标是否实现的必要手段。一方面要有对学生参与研学旅行活动评价的方法和手段,比如及时组织交流分享学生研学的感悟、活动图片、小视频等,填写评价表,收集学生、家长的反馈意见。另一方面要有对学校、研学旅行服务单位、研学旅行资源单位的评价方法和手段。

六、课程保障

课程保障要确保研学旅行活动课程可以顺利落地执行,主要包括相关制度保障、课程资料保障、供应要素保障以及人、财、物保障。制度保障主要是研学旅行执业人团队的工作机制和各种安全管理制度、安全方案及安全应急预案,等等。课程资料主要是研学旅行手册、研学旅行资源介绍、研学旅行活动课程中关于资源的解说词及安全提示语的准备。供应要素保障主要包括交通工具保障、住宿场所和用餐场所保障。人力保障主要是组织机构和执行团队保障;财力保障是指做好经费预算,保障经费到位;物力保障主要包括急救用品、研学旅行旗帜、对讲机、照相机、摄像机等物品的充足准备。

第三节　研学旅行活动课程的研发步骤

研学旅行活动课程研发是研学旅行执业人的核心竞争力，需要爱心、细心、耐心的浇灌过程，需要用心打磨、千锤百炼，需要反思、提升方能实现“立德树人”的育人的目标。这个过程大致包括需求分析、明确目标和主题、方案撰写、推演优化、关注落地执行和制定实施方案、编制研学旅行手册及行后反思提升七个步骤。

一、需求分析

（一）学校需求分析

在研学旅行组织前期，需要明确中小学校的基本需求，涉及研学旅行目标、研学旅行主题、出行日期、学龄、人数、服务标准等详细信息。在研学旅行活动课程设计过程中，需要结合学校的育人理念、校园文化、校本课程及研学旅行教育诉求，选取符合需求的研学旅行资源，研发研学旅行活动课程方案。

（二）学生需求分析

学生是研学旅行的主体，充分发挥学生的主体性，是研学旅行活动课程设计的出发点和归宿。研发前，需要对学生的学习方法、学习习惯、学习兴趣、课业成绩等方面进行综合分析，从而确定符合学生需求的课程目标、选取课程内容和有针对性的教学方法。要进行系统的学情分析，包括学龄学段、认识水平和身心状况等，特别是学生的身心健康状况，需要格外注意，比如是否有基础性疾病、过敏性病史、特殊心理问题等，做到“心中有数”，避免课程实施中的意外发生，保障让每一个学生快乐旅行、有效研学。

二、明确目标和主题

目标和主题的确定是具体的研学旅行活动课程研发的核心步骤。要在国家的教育方针和研学旅行总目标的指导下，考虑学校的校园文化、整体育人理念、育人目标和学校具体的研学旅行需求，根据“需求分析”的结果，结合研学旅行活动课程资源，言简意赅地表达研学旅行活动课程的意义和目的；要做到立意高远，要可操作、可执行、可达到、可评价，落实“五育并举”；同时凸显鲜明的地域主题特色。比如爱国主义红色主题教育“走进红色圣地，探寻延安精神”、传统文化主题教育“乐之中和——走进孔子礼乐思想”，等等。

三、方案撰写

研学旅行活动课程方案撰写是个技术活，要做到要素完整、逻辑清晰、文字凝练，语意明晰，切忌出现错别字及标点符号不规范等硬伤。撰写时首先要保持“立德树人”的初心，其次要明白研学旅行活动课程研发的指导思想和基本原则，第三要掌握研学旅行活动课程的基本构成要素，最后要“耐得住寂寞，受得起批评，经得起实践检验”，不断思考、修正和创新。

四、推演优化

研学旅行活动课程方案研发完成后，要对研学旅行活动课程方案进行测试优化，这是检验研学旅行活动课程方案是否合理的重要手段，关乎整个研学旅行活动课程方案的落地执行情况。首先，测试整个课程方案实施是否能够实现活动课程的研学目标；其次，要对研学资源进行实地考察，推演模拟整个研学旅行活动的流程，对课程方案中存在的问题进行重新调整和二次优化，以期达到更好的研学效果，实现研学目标。

五、关注落地执行和制定实施方案

研学旅行活动课程的落地执行是检验研学旅行活动课程的关键环节。落地执行必须遵循"安全第一"的原则。活动课程的落地执行阶段涉及交通、住宿、餐饮、体验活动、课程探究等研学旅行服务保障和"课堂学习"的各个方面,所以,需要在行前课程研发阶段提前制定科学合理的研学旅行活动课程实施方案,切实做到"活动有方案,行前有备案,应急有预案",保障活动圆满完成,实现活动课程目标。

六、编制研学旅行手册

研学旅行手册是在研学旅行活动课程方案的基础上编制的用于指导研学旅行执业人团队和学生开展教学和学习,在研学旅行过程中作为课程和行程参考的工具。研学旅行手册是为学生研学旅行提供的基础性学习资料,是为学生的探究性学习提供方向性指导的学习材料,凝结着学校教师和研学旅行服务单位的经验和智慧,是研学旅行活动课程设计理念的最直接体现,是研学旅行活动课程的重要组成部分。研学旅行手册能够让学生更加深刻地理解研学旅行活动课程内容,并记录学生在研学旅行活动过程中的所学所得,所以,研学旅行组织方和承办方都要足够重视研学旅行手册的设计编写。

(一)研学旅行手册的编制原则

1. 研学旅行手册的编制要体现教育属性

研学旅行手册是整个研学旅行过程的指导性文档,内容的设计要符合课程的基本原理,有关概念的使用要科学、规范。

2. 研学旅行手册的编制要体现实用性

研学旅行手册是研学旅行活动课程组织、实施的工具,要方便学生在手册上进行信息记录,同时也要便于研学旅行指导师依据学生的记录情况对学生的学习成果进行评价。

3. 研学旅行手册的编制要让学生喜欢

研学旅行手册的设计要契合中小学生的年龄特点、心理特征和审美趣味,激发中小学生学习兴趣,实现其自主认知和体验学习,让他们产生“爱不释手”的感觉,成为快乐研学的“心爱之物”。

(二)研学旅行手册的基本内容

研学旅行手册的编制,是研学旅行活动课程具体要求呈现的过程,是课程方案的物化。科学、规范的研学旅行手册一般包括研学旅行导读、文明公约、研学旅行注意事项、研学旅行安全教育课堂、研学旅行行李物品清单、研学旅行活动课程目标、研学旅行活动课程安排、研学旅行活动课题探究、研学旅行活动课程总结、研学旅行活动课程评价,以及其他补充事宜。

七、行后反思提升

在每次研学旅行的行后阶段,研学旅行组织方要在承办方的协助下,做好相关内容的对外展示和输出。研学旅行组织方和承办方还要结合学生、教师、学校、家长等各方对研学旅行的评价和反馈,进行系统的分析和总结,对研学旅行活动中各个环节出现的问题和不足,寻求解决的办法,进行改进,根据研学目标的实现情况,继续对研学旅行活动课程进行优化提升。只有通过不断地分析和总结,才能更好地提升研学旅行活动课程的效果,为下一次研学旅行提供更高质量的活动课程。

总之,教育是教书育人的伟大事业,功在当代,利在千秋。中小学校和研学旅行服务单位都要常怀对教育的敬畏之心,不断学习,不断研究,运用教育的思维和理念,研发出更符合中小学生需要的研学旅行活动课程,真正为研学旅行做好服务,为学生的成长助力。

第四章 体育研学旅行的价值与体系构建

第一节 开展体育研学旅行的价值

一、有利于体育发展模式的创新

对于研学旅行而言，教育部认为该活动属于在课外开展的实践育人活动，而中华人民共和国文化和旅游部则认为其属于教育旅游活动。针对以校外实践教育为开展形式的体育研学旅游活动，必须遵循相关课程规范，并要与旅游产业服务的相关要求相符。核心素养的培养是新时代教育的重要任务，只有在各学科教学中渗透核心素养，才可顺利完成教育任务。体育学科也不例外，要实现课程的目标，应开展课程实践，体育研学旅行突破了传统体育教学的局限性，采用校外实践教育的模式，凸显了学生自主性，使其不但能够获得体育知识，还能自觉形成健康生活的好习惯。从多个角度对体育研学旅行进行观察与分析，充分发掘其健身与娱乐价值，促进体育发展模式的创新，在教育与文化领域都有显著的作用。

二、有利于深化体育教改

体育教改发展方向的指明，体育核心素养的提出，实现了体育教育的不断拓展与优化。体育核心素养并不是单独存在的，而是与其他学科核心素养具有共同性，体育核心素养在对学生发展的同时，也应注重和其他学科核心素养共同培养。基于研学基地之上开展的体育实践课程，具有一定的独特性，所以教学管理者必须突破传统教育的局限性，主动吸纳可促进体育教育发展的实践课堂元素；体育研学是在校外开展的，由于存在较多的不可控因素，在一定程度上也会对教师提高要求，加之体育研学课程设计及活动组织与引导，都是决定活动开展是否有效的关键因素。所以，在设计体育研学旅行活动时，应注重融入核心素养理念，做好组织与引导工作，使体育研学的质量能够有效提升。

三、有利于推动个体的全面发展

体育是一项人们回归自然的文化性活动，是实现人和自然统一的关键渠道。社会的快速发展，使得人类文明的脚步持续加快，很多手工操作都被机器所替代，也使得人类患肥胖、高血糖等疾病的人数不断增加，许多人不再注重身体锻炼，而是依赖于保健产品，人对身体动物性的意识也在逐步减弱。尽管技术手段为人们提供了很多的便利，但“人的自然化”同样是极为关键的因素。人作为自然界中的一部分，必须遵循自然规律。体育研学是以户外活动为主的，其与传统体育课程有着显著差异，可通过创设富有特色的活动，让学生接近大自然，感受大自然的趣味性，激励学生积极参与活动，使其在参与过程中不断提升自我。同时，体育研学旅行有较强的实践性，学生在参与时可有效巩固校内所学知识，拓宽知识面。它是一项值得探索与推广的活动。

体育研学旅行普遍采用以班级为单位的集体活动组织，在社会环境下进行集体生活，对学生综合素质的培养具有特有的价值，具体体现为：第一，体育研学旅行在开展过程中，包含了仪式化的教育活动，如开营仪式、营旗授予、集体宣誓及餐前文化等，对学生的思想道德教育发挥着积极的作用。学生在参与体育研学旅行的过程中，感知体育研学旅行的规则，并以规则约束自身，从而磨炼自己的意志品质。第二，体育研学旅行是实践性较强的活动开展形式，使学生深入自然环境，在“游”的过程中“学”，转变学校内课堂教学模式，在学生参与体育运动的过程中，进行自主性探究学习，培养学生体育理论知识和实践能力的同时，对学生顽强拼搏、坚持不懈的优秀思想品质也具有很好的锻炼效果。第三，体育研学旅行可以培养学生的规则意识和礼仪素养。体育研学旅行过程中的每一个环节活动的组织，均制定了相应的规则，学生在规则的约束下，有秩序感地参与体育研学旅行活动，从而对个人的规则意识和礼仪素养进行培养。第四，体育研学旅行是一种具有创新性、实践性较强的综合教育形式，在智育方面具有积极的培育价值。体育研学旅行将文化知识的学习与社会实践相结合，使学生以一种主动参与的方式探究式地学习，将知识内化，从而真正地掌握文化知识。体育研学旅行通过各类体育活动的设计，不仅使学生掌握了一定的知识技能，还对学生的想象力、观察力、思考力和判断力的培养进行了很多的锻炼，促进学生独立思考，提高其理论知识和实践相结合的能力，从而使学生智力获得发展。

第二节　体育研学旅行运行体系的构建

学生的综合素质与个人体育文化精神可借助体育研学旅行的教学模式来培养。此种模式可以使学生对我国的传统体育文化有更深刻的了解，也会在一定程度上增强其爱国意识，树立优异的品格，激发民族自豪感。在充分认知体育研学旅行开展的核心价值后，我们应在具体的操作阶层上探究方式与举措，明晰其运作流程与内部管控，更好地促进学生的全面发展。

体育研学旅行运行体系是指体育研学旅行设计、实施、组织管理和开展保障构建的基本过程，是对体育研学旅行课程开展过程的总结。

一、体育研学旅行课程设计体系构建

（一）体育研学基地的选择

体育研学旅行专项课程的挑选需要考虑众多可能引发分歧的状况。实践运作的价值可以借助专项课程得以实现，在形式化的实践课程中，其

可以全面展现学生的体验与交流,促进学生健康成长。第一,相关部门需要科学规划专业课程,进一步彰显出地方特色,课程具有选择性,让学生有更多的课程选择。第二,学校在为学生做全面思考的同时需要教师根据教学内容来确定,并给出相应的建议。第三,在开展实践基地选择的过程中,学校可有效结合调查问卷等多样化的方式进行科学的选择。

(二)体育研学旅行时间的制定

学期周末、假期时间是体育研学旅行开展的绝佳时期。经调查访问显示:学期周末、节假日及寒暑假时间更适合进行体育研学旅行,学生在长期的学习过程中,会出现疲劳,在日常节假日时期需要进行有效的精神放松和压力缓解;同时,由于体育研学旅行户外运动内容的丰富性,在实际开展的初期需要进行相应的筹备工作,学期周末、节假日及寒暑假时间的安排有利于学校工作的前期准备。因此,在这段时间开展体育研学旅行是比较合适的。

(三)体育研学旅行课程内容的设计

课程内容、课程原则和课程目标等都是开展体育研学旅行方案的基础内容,这需要在学校开展前规划一整套完善的课程运作方案。课程内容包括了解社会形势、探索学科内容、开展校外实践、加强体育文化,以及制定多样化的教学内容规划,开展形式丰富的体验模式。课程原则体现了开放性、融合性和体验性。活动是课程的关键展开形式,有效参与是对学生的基础要求,学生可以更为深入地展开体验。课程目标实现校内外资源的结合,旅行课程的合理化指导,可以提升研学的开展效率。课程实施原则应遵循自主参与、安全为先和主题明确的方针。课程管理:创建相关的管控标准,打造专项的责任机制,特别是针对学校教务人员,也需要明晰每一个岗位的责任。课程评定是指对学生研学阶段中学生的成绩进行评定,发展性评定是学生的核心评定。这需要探究学生实际参与阶段所展现的主动性、参与度、情感表现等。评定可以通过比赛、实际操作等方式来观察学生的学习成果。

二、体育研学旅行管理体系构建

(一)学校管理体系

学校是学校教育的核心,学校管理是学校有效履行各项任务和职能的重要保障。集体性、人数多、难度大是体育研学旅行的主要特点。因此,体育研学旅行的高效开展需要教师和学生的共同帮助来实现。教师方面,学校需要系统的“团队”高效管理体系,并对实施的方案进行完善,不仅要制定对研学负责教师的考核制度,也要对教师设置合理的奖惩制度。

(二)学生管理体系

在学生层面,以打造为学生开展优质服务为核心的专项委员会,目标是对学生的独立性进行有效的引导,对学生进行自律培养的关键是打造具有凝聚力的班委会。学生自律的保障需要岗位负责机制的运作。学生对自我研学的管理、教育、服务是通过体育研学旅行过程中的组织形式表现出来的。首先,学生的责任意识有所增强,其自主管控能力也有所提升;其次,有效打造优异的学习氛围,有助于学生互相沟通、约束和交流。

三、体育研学旅行课程实施体系构建

教学是一项基础性活动,与任课教师和学生的关系紧密关联。教与学是相同事物的两个方面,也存在着相互制约的关系。任课教师与学生是开展教学的核心体,体育研学旅行的运作无法脱离任课教师与学生的协同参与。

(一)教师实施

在体育研学旅行实施的过程中,教师是力量之源,直接影响体育研学旅行的开展效果,教师通过问题情境的创造,对学生进行科学的选题指导。在教学的过程中,教师需要对学生的学习形式进行改善,主要有自主学习、合作学习和探究学习。教师的教学能力及素质涵养对实施课程的教学质量产生直接的影响。首先，教师应转变传统的思想教学观念，对体育研学旅行的重要性进行充分的认识，学生的全面发展是教学的主要目标。其次，教师对学生的情况充分了解，并对学生的纪律、出勤率、安全保障等进行监督。再次，教师帮学生排忧解惑时，加强沟通交流，并进行积极的开导。最后，教师必须做到认真负责，积极协调各方配合。

（二）学生参与

学生是教学中的主体，体育研学旅行实施过程中学生的态度和相应的措施会对研学产生直接的影响。体育研学旅行的顺利进行，需要学生有以下三点改变：第一，学习思想的转变，加快适应教学方式；第二，加强师生交流，扩宽人际交往；第三，积极实践探索，勤于过程思考。在研学前，在体育研学旅行的宣传发展时期，学生应积极主动地参与其中，对体育研学旅行的重要价值和意义进行深入了解，在与老师、家长沟通的过程中，学生需要认真、积极地配合教师的指导。在研学中，学生需要了解整个过程，使自身融入体育研旅行的活动，积极进行探索并参与其中，并听从教师的指挥。在研学后，根据自己的自身体验，对研学中发现的不足要大胆提出，并按时完成教师安排的研学课程作业。

（三）社会和家长协调配合

社会和家长双方的支持和配合可以完成体育研学旅行的需要，在教育教学改革中社会和家长起着重要的作用，他们是教育教学改革深化发展的重要推动力。

体育研学旅行是一项大工程，除了要学校做出努力外，社会各部门也要积极行动起来，保障体育研学旅行的开展，提高体育研学旅行的质量。国家层面，应对体育研学旅行进行持续关注，要加大体育研学旅行的宣传力度和关注度，应出台相应的优惠政策以减轻学生家庭的经济负担。社会层面，教育部门是主要部门，应与其他政府部门进行主动联系，加强与不同部门的交流沟通，需加大对体育研学旅行的指导和规划。协调方面，建立各方联系社交群，方便对优惠政策、保险措施、交通出行等方面的交流沟通。

家长积极配合做到以下几点,可以保证体育研学旅行的顺利开展:第一,加强与学生各方面的沟通,全面了解学生的真实想法;第二,对传统教育观念进行转变,重视对学生综合能力的培养;第三,营造和谐的氛围,对学生的情绪态度进行积极培养;第四,加强与教师的交流沟通,全面了解学生的情况,给学生理解支持与帮助,积极主动配合教师的工作。

四、体育研学旅行保障体系构建

体育研学旅行保障体系的构建从安全保障、经费保障、组织保障和制度保障 4 个方面进行开展,贯穿于体育研学旅行的整个环节中,保障体育研学旅行的顺利开展。

(一)安全保障

安全保障是体育研学旅行的核心,安全保障体系构建主要包括安全责任、安全保障和安全教育三个方面。从安全责任组织管理情况来看,体育研学旅行方案上报审批后,教育部门应成立相关工作组,审核并监督体育研学旅行组织管理的安全性。在体育研学旅行开展之前,学校对参与的学生及其家长进行安全教育,让家长辅助学生做好体育研学旅行的准备工作,并由家长与学校签订《安全责任书》,购买相关保险。学校与交通工具提供方、保险公司等也应签订相关安全责任书,明确体育研学旅行中不同环节的安全责任。从体育研学旅行安全保障组织管理情况来看,相关教师进行实地考察,基于安全性原则对研学地点进行选择,并要随行多名教师,保障体育研学旅行的安全性。在体育研学旅行研学指导过程中,对学生进行安全教育,让学生可以从主观上提升对交通安全、饮食安全、住宿安全和研学安全的重视程度,进一步提升体育研学旅行的安全性。

(二)经费保障经费是体育研学旅行

运行的重要物质基础和保障,交通、食宿及活动的组织开展均需要以资金为基础。学校方面基于体育研学旅行课程的设计基础,宣传体育研学旅行的活动特色,学生自愿报名参与,并缴纳体育研学旅行的费用,除学生自费外,学校方面投入一定的教育资金作为补充,并通过其他社会资金的赞助,共同组成体育研学旅行的经费保障。

(三)组织保障

体育研学旅行的根本目的是研学,因此学习的组织管理才是体育研学旅行的关键。体育研学旅行研学过程组织管理主要分为师资、研学纪律、研发方法和教学方法、时间利用等多个方面。从师资方面来看,体育研学旅行有专业的教师全程指导学生参与研学活动。从研学纪律方面来看,体育研学旅行有严格的纪律和规范的秩序,能保障研学旅行高质量开展,严格的纪律规范能对学生的行为进行约束。从研学方法和教学方法方面来看,体育研学旅行中给学生下发的体育研学旅行研学手册,包含体育研学旅行的课程内容、目标及各类要求,能让学生对体育研学旅行进行全面了解,为后期配合体育研学旅行的开展奠定基础。从时间利用方面来看,研学导师可以充分利用时间,对体育研学旅行进行知识延伸,与学生形成良好的交流氛围,及时了解学生的需求和反馈,有针对性地引导体育研学旅行的深化。

(四)制度保障

在规定的体育研学旅行时间内,遵循体育研学旅行内容阶段安排,制定严格的纪律规范制度和奖惩制度,约束学生行为的同时,通过适当的奖励政策,激发学生积极地参与体育研学活动。此外,也要重视对教师行为约束制度的建立,保证教师以积极的态度投入体育研学旅行课程的教学指导,从而保证体育研学旅行的运行质量。

第五章 体育研学旅行课程资源的设计与开发

第一节 研学旅行资源概述

一、研学旅行资源的相关概念界定

在对研学旅行资源进行概念界定之前，须先明确研学旅行概念。以下内容主要对研学、旅行、研学旅行、旅行资源、研学旅行资源五个概念进行界定。

（一）研学旅行

1. 研学

研学即研究性学习，又称探究式学习、探究式科学教育、以学生为中心的指导教学法等。和传统的以教师的“教”为主的教学模式不同，研学不再局限于传统的课堂教学、书本知识的传授，而是提倡让学生走出教室，在教室外通过实践方式学习和获得知识。研学作为一种科学的教学方法，起源于美国。20 世纪 60 年代，美国把“Hands-on Inquiry Based Learning”(HIBL)列为基础教育改革的重要原则之一，即在教师和学生共同组成的学习环境中，让学生亲历科学探究的学习过程。1994 年，国际科学理事会和联合国教科文组织在全世界推广“Hands-on Inquiry Based Learning”(HIBL)改革项目。2001 年，教育部、中国科学技术协会首次将“Hands-on Inquiry Based Learning”(HIBL)引入中国，简称“做中学”,即让学生在动脑、动手的过程中利用学到的知识发现问题、解决问题。

研学与传统学习的本质区别在于:研学是以学生为中心,强调学生的主动性、创造性,目的是引导学生建立新的科学概念,改善已有的科学概念,以及培养学生的探究能力和科学态度;传统学习的核心是“学”,强调的是知识的传递,即以教师为中心,学生通过教师的“教”获取知识,学生的主动性和创造性难以在传统学习的过程中发挥出来,不利于培养学生的自主学习能力。本书所探讨的研学概念为以学生为中心,学生进行自主探究、自主学习,进而归纳知识的学习过程。

2. 旅行

旅游一般指旅行游览,可以将旅游与旅行之间的关系概括为对立统一。所谓“对立”是指旅游与旅行本质不同,二者之间虽具有异地性这一共同特征,但旅游更加强调的是目的性,如探亲访友、考察探索、宗教朝拜、愉悦身心、极限挑战等,由此形成探险旅游、研学旅游、游憩旅游、考察旅游等多样化的旅游方式。旅行强调的是“行”,突出的是旅行者实现空间上的移动,仅仅是一种外出行走的运动形态。所谓“统一”是指旅游与旅行之间相互依存,旅游活动必然伴随旅行,而旅行过程可能包含旅游,即“行”中有“游”,“游”则必“行”,所以可以认为旅行是旅游得以实现的运动方式,而旅游则是旅行的众多形态之一。

3. 研学旅行

研学旅行是指研究性学习和旅行体验相结合的,学生集体参加的,有组织、有计划、有目的的校外参观体验实践活动。2016 年 11 月 30 日,教育部等 11 部门印发的《关于推进中小学生研学旅行的意见》提出:中小学生研学旅行是由教育部门和学校有计划地组织安排,通过集体旅行、集中食宿方式开展的研究性学习和旅行体验相结合的校外教育活动,是学校教育和校外教育衔接的创新形式,是教育教学的重要内容,是综合实践育人的有效途径。

研学旅行可以从狭义和广义两个角度界定:狭义的研学旅行是指教

育部或学校有意识地、有计划地安排的，以研究性学习和旅行体验为主要目的的校外集体性活动。在这个概念中，需要理解四点：一是研学旅行的组织者是教育部或学校，具体活动的开展可以与旅行社、景区或者其他专业研学旅行机构合作；二是研学旅行的安排是有意识、有计划的，如果是周末三两同学自发外出旅行，这种不属于研学旅行的范畴；三是研学旅行的主要目的是研究性学习和旅行体验，即通过旅行体验达到研究性学习的目的，与学习割裂开来的旅行不属于研学旅行；四是研学旅行为校外集体性活动，研学旅行活动地可以是学校以外的任何能够实现研学旅行目的的目的地，同时研学旅行是以班级或年级或学校为单位、由学校教师作为领队开展的，在整个过程中，教师引导学生一起动手，在活动体验中共同学习。广义的研学旅行是指以获取文化为主要目的的旅行活动，这里只强调研学旅行目的，对参与主体、组织者等不作要求，如党政人员的红色文化旅行就属于广义的研学旅行。

（二）研学旅行资源

1. 旅行资源

旅行资源是指凡能激发旅行者的旅行动机，为旅行业开发所利用，并由此产生经济效益、社会效益、环境效益和文化效益的所有事物和现象。由于旅行资源涉及范围广，因此可以将旅行资源特点总结为四点：一是组合性，一个孤立的要素或一个独立的资源点是很难形成使旅行者离开其居住地专程前来游览的吸引力的，而复杂多样、相互联系、相互依存的各个要素组合在一起，便能够吸引旅行者前往某地；二是多样性，中国是世界上旅行资源极丰富的国家，资源种类繁多，具备各种功能，具有代表性的旅行资源有民族文化资源、宗教文化资源、地文景观资源等；三是时间性，是指同一地理环境会随季节的变化而发生变化，在某一特定季节会形成某些适合旅行的特殊景观，能为旅行者带来特别的体验，如东北冰雪旅行、雾凇观赏旅行等；四是不可转移性，旅行活动常被称为“无形贸易”“风景出口”，实际上就是凭借众多资源把旅行者从客源地吸引到目的地，这正是旅行资源区别于其他资源的需求流动性。

2. 研学旅行资源

研学旅行资源概念是在研学旅行和旅行资源概念的基础上形成的，本书认为研学旅行资源概念具有狭义和广义之分。狭义的研学旅行资源是指学校范围之外的，能够满足中小学生群体研究性学习和旅行体验目的的一切资源。在这个概念中有四点需要说明：一是研学旅行资源具有地域指向性，由于旅行活动具有异地性特点，所以学校内部的研学资源被排除在外；二是研学旅行资源功能具有多样性，既能够满足学生群体研究性学习需求，又能够使其获得良好的旅行体验；三是由于研学旅行主体以中小学生为主，以其他文化需求旅行者为辅，这就决定了研学旅行资源的对象主要是学生群体；四是本书在界定旅行资源时，认为旅行资源经过开发能够产生一定的经济效益、社会效益、环境效益、文化效益，传统的旅行目的地可能更注重经济效益，而博物馆、美术馆、红色革命基地等研学旅行目的地对于文化效益的重视高于经济效益。广义的研学旅行资源是指在自然界和人类社会中，能够对旅行者产生吸引力，并且能满足旅行者文化需求的一切资源。从广义上来看，研学旅行资源对象广泛，只要在旅行活动中能够满足旅行者文化需求的资源都可以称为研学旅行资源。

二、研学旅行资源的特征

研学旅行资源与旅行资源之间是个性与共性的关系，研学旅行资源既具有旅行资源的一般属性，又具有其特殊性。可以将研学旅行资源的特征总结为教育性、广域性、多样性、文化性。

（一）教育性

从研学旅行、研学旅行资源的概念来看，研学旅行的主要目的之一在于教育，而其教育功能的实现在很大程度上又取决于具有教育价值的旅行资源，如国内外名校体验游。2016 年国家旅游局（现变更为中华人民共和国文化和旅游部）发布的《研学旅行服务规范》规定：小学一至三年级以知识科普型和文化康乐型资源产品为主，并以乡土乡情研学为主；小学四至六年级以知识科普型、自然观赏型和励志拓展型资源产品为主，并以县情、市情研学为主;初中年级以知识科普型、体验考察型和励志拓展型资源产品为主,并以县情、市情、省情研学为主;高中年级以体验考察型和励志拓展型资源产品为主,并以省情、国情研学为主。由此看出,政策出台后,研学旅行教育功能的实现要求将研学旅行资源的教育价值与研学旅行课程设计紧密结合。

(二)广域性

从广义上来看,只要能够满足旅行者研究性学习、文化需求的一切资源都可以称为研学旅行资源,所以可以认为研学旅行资源在自然界和人类社会分布广泛。地上有名山秀水、流泉瀑布等自然景观以及传统建筑、乡土风情等众多人文景观,地下有溶洞、暗河、温泉等自然景观;天上有瞬息万变的天象、气象景观;海洋有礁岛怪石、海洋生物和海底世界等自然景观。城市有现代化建筑、先进的科技园、现代化工厂等社会景观;乡村有美丽的田园风光、典型的传统建筑、浓郁的乡土文化等自然景观和人文景观。不仅亚洲、欧洲、北美洲等地区研学旅行资源丰富,南极洲、北极洲等地区同样具有大量的研学旅行资源存在,只不过这些地区由于气候极端、无人居住,所以资源开发力度不够。

(三)多样性

研学旅行资源的多样性特点主要表现在内容和价值两个方面。从内容来看,研学旅行资源根据不同的分类标准可以划分成若干类型:按照资源属性可以将其划分为自然研学旅行资源和人文研学旅行资源;按照资源级别可以将其划分为国家级研学旅行资源、省级研学旅行资源、市(县)级研学旅行资源;按照资源功能可以将其划分为自然观赏类研学旅行资源、科普教育类研学旅行资源、体验考察类研学旅行资源、励志拓展类研学旅行资源、文化康乐类研学旅行资源。从价值来看,研学旅行资源具有多种多样的价值,主要包括艺术欣赏价值、历史文化价值、科学研究价值等,对于某一处研学旅行资源而言,这些价值往往是同时存在的。

(四)文化性

研学旅行的主要目的之一是满足旅行者研究性学习需求,在一定意义上可以将研学旅行视为一种文化交流活动，即通过旅行活动，旅行者在获得美的享受的同时，能够获得文化知识，所以研学旅行资源必须具有一定的文化内涵或文化属性。例如，红色革命基地、博物馆、科技馆、历史遗迹、传统建筑等，除了增加人们的历史文化知识，还能激发人们探索自然奥秘的激情、开阔人们的思维。因此，在对研学旅行资源进行开发时，不仅应深入研究资源的文化内涵，而且更应将蕴含于景观的文化内涵充分地展现给旅行者，使其由单纯的表面旅行演化为内涵旅行，从而增加研学旅行资源的吸引力。

三、研学旅行资源的分类

分类是指根据事物的特点分别归类。它是根据分类对象的共同点和差异点，将对象区分为不同种类的一种逻辑方法。它是以比较为基础的，通过比较识别出事物之间的共同点和差异点，然后根据其共同点将事物合并为较大的类，根据差异点将事物划分为较小的类，从而将事物区分为具有一定从属关系的不同等级类别的系统。研学旅行资源分类是根据资源的相似性和差异性进行合并或划分出具有一定从属关系的不同等级类别的过程。

（一）分类原则

分类的原则是分类的准绳、标准，只有遵循一定的原则才能保持分类的科学性和实用性。研学旅行资源分类原则可以概括为逐级性、全面性和系统性。

1. 逐级性

逐级性的分类原则即分级与分类相结合的原则。研学旅行资源是一个相对复杂的系统，它可以分为不同级别、不同层次的亚系统。所以在分类时可以把分级与分类结合起来，逐级进行分类，避免出现越级划分的逻辑性错误。

2. 全面性

研学旅行资源分类的全面性原则主要体现在两个方面：一是资源范

围全面。在对研学旅行资源进行分类时，必须将众多类型的研学旅行资源全部囊括在内，不可遗漏资源类型。二是分类标准全面。研学旅行资源内容的广泛性和复杂性，决定了研学旅行资源分类因素的复杂性和多重性。因此，在对研学旅行资源进行分类时除了要突出资源的景观属性等主导因素，还应充分考虑资源的成因、等级、功能等基本特征，以此来确定研学旅行资源的基本类型差异，从而对研学旅行资源的类型进行更细的划分。

3. 系统性

研学旅行资源种类多样，因此这些资源的形态、美学等各种属性之间必然存在一定的差异性和相似性，我们可以根据它们的差异性和相似性尽量地进行区分和合并。首先，把具有相同属性的研学旅行资源划归一类，同一级、同一类型的研学旅行资源应该具有一定的相似性；其次，较大类别的研学旅行资源之间，必然存在一定的差异性，再根据差异性进行区分，将它们分别划分为不同的类型；最后，使每一种研学旅行资源经过集合归类后，在研学旅行资源分类表中占据一个准确的位置。这样也就可以将纷繁复杂的研学旅行资源区分为具有一定从属关系的不同等级类别的系统，从而做到分类系统化、规范化。

（二）分类标准

1. 按照资源成因划分

（1）自然研学旅行资源

从狭义来看，自然研学旅行资源是指学校范围之外的，能够满足学生群体研究性学习和旅行体验目的的，由各种地理环境或生物构成的自然景观资源；从广义来看，自然研学旅行资源是指自然界凡是能够对旅行者产生吸引力的，并且能满足旅行者文化需求的一切资源。自然研学旅行资源按其形态特征和成因可以归纳为以下几类。

①地貌景观类研学旅行资源：包括山地景观、喀斯特景观、丹霞景观、砂岩峰林景观、风成地貌景观、火山景观、冰川景观、海岸景观等。

②水体景观类研学旅行资源：包括海洋、河流、湖泊、瀑布、海滨和各

类泉水等。

③生物景观类研学旅行资源:包括森林、草原和各种野生动植物、海洋生物等。

④自然地带性景观类研学旅行资源:如热带景观等。

⑤气候类研学旅行资源:如避暑、避寒胜地和四季宜人的温带与副热带游览地。

⑥天气气象类研学旅行资源:如泰山日出、庐山云瀑、黄山云海以及虽可遇不可求但出现频率较高的峨眉"佛光"、沙漠海市蜃楼、极地极光等。

⑦其他自然研学旅行资源:如特殊自然现象等。

以山地景观型研学旅行资源为例,在进行研学项目设计时应始终以青少年素质教育为主线,融生活素质教育、社会认知教育、体验教育、自然教育、艺术教育、休闲度假等多种业态于一体,让学生通过动植物及地质科普教育、体能拓展训练、野外应急基本知识学习以及野炊、露营等户外体验活动,以集体旅行、集中食宿的方式走进大自然,在与平常不同的生活中拓宽视野、丰富知识,加深与自然的亲近感,增加对集体生活方式的体验以培养社会公共道德,培养自理能力、创新精神和实践能力。

(2)人文研学旅行资源

在狭义上,人文研学旅行资源是指学校范围之外的,能够满足学生群体研究性学习和旅行体验目的的,由各种人文环境构成的人文景观资源;在广义上,人文研学旅行资源是指人类社会凡是能够对旅行者产生吸引力的,并且能满足旅行者文化需求的一切资源。人文研学旅行资源按其表现形态可以归纳为以下几类。

①历史遗迹类人文研学旅行资源:包括古人类遗迹,古都、古战场遗迹,名人遗迹,近现代重要史迹等。

②古建筑类人文研学旅行资源;包括长城、城墙、宫殿、运河、桥、民居、堤防、坊、阙等。

③古代陵墓类人文研学旅行资源:包括帝王陵墓、悬棺葬、崖葬、纪念

性陵墓等。

④城镇类人文研学旅行资源:包括历史文化名城、小城镇、现代化大都市等。

⑤古典园林类人文研学旅行资源:包括景观园林、私家园林、皇家园林等。

⑥宗教文化类人文研学旅行资源:包括各类宗教相关的文化与建筑等。

⑦社会风情类人文研学旅行资源:包括民俗、饮食文化等。

⑧音乐戏剧类人文研学旅行资源:包括各地流行音乐和地方戏等。

人文研学旅行资源丰富的地区可以充分挖掘历史、民俗等文化资源,结合学生暑期游、寒假游、周末游等需求,研发出非遗传承、民俗体验等课程,开展一系列研学旅行活动。学生在研学旅行过程中,通过游览历史遗迹、身着民族服饰、制作特色美食等,感受国家的民族精神,激发对历史文化的学习兴趣。

2. 按照资源级别划分

(1)世界级研学旅行资源

世界级研学旅行资源主要指世界遗产,包括世界文化遗产、世界自然遗产、世界文化与自然双重遗产。

①世界文化遗产:包括物质文化遗产和非物质文化遗产。物质文化遗产是具有历史、艺术和科学价值的文物;非物质文化遗产是指各种以非物质形态存在的、与群众生活密切相关的、世代相承的传统文化。

②世界自然遗产:从美学或科学角度看,具有突出的普遍价值的由地质和生物结构或这类结构群组成的自然面貌;从科学或保护角度看,具有突出的普遍价值的地质和自然地理结构以及明确划定的濒危动植物物种生境区;从科学、保护或自然美学角度看,具有突出的普遍价值的天然名胜或明确划定的自然地带。

③世界文化与自然双重遗产:又称“自然与文化双重遗产”。根据《保护世界文化和自然遗产公约》的主旨,世界文化与自然双重遗产是指兼具

自然与文化之美的代表,同时具备自然遗产与文化遗产两种条件的遗产项目。

(2)国家级研学旅行资源

①国家级风景名胜区。国家级风景名胜区指具有观赏、文化或者科学价值,自然景观、人文景观比较集中环境优美,可供人们游览或者进行科学、文化活动的区域。

②国家历史文化名城。国家历史文化名城指保存文物特别丰富,具有重大历史文化价值和革命意义的城市。从行政区划看,国家历史文化名城并非一定是市,也可能是县或区。

③全国重点文物保护单位。全国重点文物保护单位是由中华人民共和国国务院对不可移动文物所核定的最高保护级别。国务院文物行政部门在省级、市级、县级文物保护单位中,选择具有重大历史、艺术、科学价值的确定为全国重点文物保护单位,或者直接确定为全国重点文物保护单位,报国务院核定公布。

④国家级森林公园。建立森林公园的目的是保护其范围内的一切自然环境和自然资源,并为旅游者游憩、文化娱乐、科学研究等提供良好环境。根据等级,森林公园可以分为国家级森林公园、省级森林公园和市(县)级森林公园,其中,国家级森林公园是中国大陆境内森林公园的最高等级,森林景观特别优美,人文景物比较集中,观赏、科学、文化价值高,地理位置特殊,具有一定的区域代表性,旅游服务设施齐全,有较高的知名度。

⑤国家级地质公园。国家级地质公园指以具有国家级特殊地质科学意义,具有较高的美学观赏价值的地质遗迹为主体,并融合其他自然景观与人文景观的一种独特的自然区域。

⑥国家级自然保护区。国家级自然保护区指对具有代表性的自然生态系统、珍稀濒危野生动植物物种的天然集中分布区,有特殊意义的自然遗迹等保护对象所在的陆地、陆地水体或者海域,依法划出一定面积予以特殊保护和管理的区域。

(3)省级研学旅行资源

省级研学旅行资源主要包括省级风景名胜区、省级历史文化名城、省级文物保护单位以及省级自然保护区、省级森林公园,有的省还公布了历史文化名镇。具有代表性的省级研学旅行资源如慕田峪长城风景名胜区、白云山一小西天风景名胜区、青龙山风景名胜区等。

(4)市(县)级研学旅行资源

市(县)级研学旅行资源主要包括市(县)级风景名胜区和市(县)级文物保护单位。

3.按照资源功能划分

按照资源功能,可以将研学旅行资源划分为自然观赏类研学旅行资源、科普教育类研学旅行资源、体验考察类研学旅行资源、励志拓展类研学旅行资源、文化康乐类研学旅行资源五大类。

(1)自然观赏类研学旅行资源

自然观赏类研学旅行资源主要包括山川、江、湖、海、森林、草原、沙漠等自然资源,如世界自然遗产、国家公园、国家级风景名胜区、国家级自然保护区等。以自然观赏类研学旅行资源为依托打造的自然观赏类研学旅行产品相对来说最使人悠闲、抒怀。在秀美壮丽的自然环境中,通过对研学旅行者进行生活素质教育、社会认知教育、体验教育、自然教育、艺术教育等,满足其对大自然最纯粹的好奇。动植物及地质科普教育、体能拓展训练、野外应急基本知识学习以及野炊、露营等野外体验活动都是自然观赏类研学旅行比较热门的项目。从国家战略层面看,伴随"健康中国"战略的逐步实施和素质教育的不断发展,让研学旅行者特别是青少年感受大自然、体验拓展活动、增强综合素质的体验式自然教育受到了社会广泛的推崇。开阔的环境、清新的空气是旅行者的首要追求,自然观赏类研学旅行也就成为极受欢迎的类型之一。

(2)科普教育类研学旅行资源

科普教育类研学旅行资源主要包括各种类型的博物馆、科技馆、主题展览、动物园、植物园、历史文化遗产、工业项目、科研场所等资源。以科普教育类研学旅行资源为依托打造的科普教育类研学旅行产品以专业性场馆为主，时间上具有可控性，适合短期研学旅行，多为学校组织研学旅行的首选。经过多年发展，这些专业性场馆都设计了丰富多彩的研学活动，学生不再是简单参观、听讲，而是通过参与趣味性、体验型活动，在互动中运用所学知识。以博物馆研学旅行为例，2017 年中共中央办公厅、国务院办公厅印发了《关于实施中华优秀传统文化传承发展工程的意见》，指出要把中华优秀传统文化融入生产生活，大力发展文化旅游，充分利用历史文化资源优势，规划设计推出一批专题研学旅游线路，引导游客在文化旅游中感知中华文化。在素质教育理念的发展以及国家文化战略的需求背景下，博物馆研学旅行成为一种新兴的文化传播方式，受到政府部门的重视。

(3)体验考察类研学旅行资源

体验考察类研学旅行资源主要包括农庄、研学旅行实践基地、冬夏令营营地、团队拓展训练基地等资源。这种类型的研学旅行活动通常集中在一个固定空间内进行针对性或复合型拓展学习、训练，对锻炼中小学研学旅行者自埋、自立能力方面的作用尤为明显。

(4)励志拓展类研学旅行资源

励志拓展类研学旅行资源以“励志”为主，适合初、高中生参与，主要包括红色教育基地、大学校园、国防教育基地、军营基地等资源。目前许多红色旅游景点都开展了红色夏令营、红色文化知识竞赛等研学旅行活动。上海市文旅局会同相关部门制定了《上海研学旅行服务规范》，鼓励、引导、支持上海市旅行社将相关红色旅游景区景点纳入其研学旅行参观名录。高校研学旅行通过开设专业体验课程、在实验室进行简单试验等沉浸式体验大学专业的方式，逐渐取代走马观花式的校园参观。励志拓展类研学旅行活动利用高校科普场馆、实训场馆、图书馆等，为中小学开展素质教育、科普教育提供第二课堂。此外，可以利用丰富的教育旅行资源，开发具有地方文化传承、传统文化展示、科普科学体验等研学旅行产品，在助推学生思考未来的同时，承担起传承中华优秀传统文化的责任与使命。

(5)文化康乐类研学旅行资源

文化康乐类研学旅行资源主要包括各类主题公园、演艺影视城等资源。以文化康乐类研学旅行资源为依托的文化康乐类研学旅行活动以体验和学习社会先进文化为主,主要目的在于提高学生对先进文化的认同,培养社会责任感,树立正确的世界观,促进自身品格发展。文化康乐类研学旅行活动作为整个研学旅行行程中的一个重要环节,多与其他类型研学旅行活动同时出现。以演艺影视城研学旅行为例,演艺影视城可以大力推进"研学+旅行"战略发展模式,优化研学旅行课程体系,开设一系列研学旅行项目,如"影视演艺鉴赏""央视小课堂""影城特色开笔礼""六艺国学堂""安全消防教育""绿色总动员"等创新课程。文化康乐类研学旅行活动通过现场教学、亲身体验等方式使学生进行参与式学习,激发学生对未知领域的探索兴趣,帮助学生构建多元化的知识体系。

第二节　体育研学旅行课程资源的设计

一、研学旅行课程资源设计的原则

从课程改革发展的趋势来看,凡是有助于学生主动学习和自我发展的资源都应该加以开发与利用,并从这些被开发的资源中选择适宜的研学课程资源。研学课程资源的选择要有利于实现教育的理想和办学宗旨,要符合学生身心发展的特点,满足学生的兴趣爱好和发展需求,要与课程开发者教育教学修养的现实水平相适应。所以,选择开发研学课程资源,必须反映教育的理想和目的、社会发展需要、学生发展需求、学习内容的整合逻辑和师生的心理逻辑。在对研学课程资源进行筛选时需要遵循地域性原则、实践性原则、开放性原则、适切性原则、多样性原则、兴趣性原则等要求。

（一）地域性原则

所谓地域性原则是指在研学旅行课程资源的开发与利用过程中，要以当地的乡土特点和条件为基本的准则和要求。具体的实施应当以研学旅行课程的主题为依据，以当地的物质基础和客观实际为前提，实事求是，突出自然资源和民族文化资源的特殊性。

（二）实践性原则

所谓实践性原则是指在研学旅行课程资源开发与利用过程中，以学生亲自动手、亲身体验为基本的准则和要求，这是研学旅行课程核心目标的要求。坚持实践性原则，就是要加强对学生实践能力的培养，坚持学生参与研学实践活动的过程及深度，克服传统教学中仅以学习结果作为评价活动标准的做法。让研学旅行课程的内容以体验实践为核心，让学生在不断的实践中发现和感悟。秉承实践性原则，组织学生到真实的场景中通过体验实践开展研究性学习，培养和锻炼学生面对真实生活的素养和能力。

（三）开放性原则

研学旅行课程资源的开发与利用要以开放的心态对待自然资源、社会资源成果，尽可能开发与利用有益于教育教学活动的一切课程资源。研学旅行课程资源开发与利用的开放性包括类型的开放性、空间的开放性和途径的开放性。类型的开放性，是指不论以什么类型、形式存在的课程资源，只要有利于提高研学课程教育教学质量和效果，都应是开发与利用的对象；空间的开放性，是指不论是校内的还是校外的，城市的还是农村的，只要有利于提高研学旅行课程的教学效果，都应加以开发与利用；途径的开放性，是指应探索多样的课程资源开发与利用途径，促使各类课程资源的使用具有协调性，不能仅局限于单一的课程资源的开发与利用模式。

资源合力开发和资源共享、图书馆查阅资料、观看相关历史纪录片等，都可以提高研学旅行课程资源的开发与利用水平，避免重复劳动与资源的低效率利用。要有开放的研学旅行课程视野，摆脱传统唯教材论的模式，在师生平等交流的基础上，鼓励学生自主探究，尤其是创新利用地域文化资源，营造开放型研学课堂，架构起学校生活与社会生活、人文环境沟通的桥梁，真正跨越传统意义上的狭隘课堂，使得研学旅行课程资源更加丰富，基础教育课程改革的理念得以贯彻。

譬如，结合部编版八年级历史教材上册第22课《抗日战争的胜利》，可以鼓励学生走出课堂，考察湘西抗日战争历史遗址、访问亲历抗战的老兵等；布置学生自行查阅资料，举办抗日战争故事会，以小组为单位，讲述湘西军民抗战的故事；组织学生课后讨论各自喜欢的抗战纪录片，举办湘西抗战民歌演唱会，让学生体会抗战时期中国军民团结、共御外敌的精神。[①]

（四）适应性原则

所谓适应性原则是指研学旅行课程资源的开发与利用要适应学生身心发展的特点，充分考虑学生的现有知识、技能和素质背景，充分考虑学生现阶段的学习能力和需要。

适应性原则要求课程资源内容既要适合某一特定群体学生的一般发展水平，又要适合该群体内个别学生的发展水平。一般来说，研学旅行课程资源内容的选择要与中小学生的身心发展水平相平行，遵循由近及远、由简到繁、由易到难的顺序。各个阶段之间的过渡要尽可能平缓，要让新的内容自然而然地从学生已经学过的内容中浮现出来。

譬如，在乡土地理研学资源的开发与利用过程中，要合理地利用研学课程资源，通过展示或者描述当地的土壤植被、地形地势、农业生产活动、工业布局等，既要激发学生的求知热情，使学生主动地希望能够更加了解自己的家乡或者周边地区的地理环境，而且要使学生在情感、态度、价值观上，能够获得很好的德育效果，在了解和认知中去热爱家乡，关注家乡

① 赵蒙蒙.初中历史教学中乡土课程资源的开发与利用[D].漳州：闽南师范大学，2019.

的发展，增强学生的家乡情怀。丰富多样的乡土资源适应性的运用可以让地理课堂更具乡土性、实用性、开放性，甚至可以达到事半功倍的效果。但在使用这些资源时应避免“贪多嚼不烂”，要明确引用其他课程资源只是为了让课本内容变得充实，让难懂抽象的知识变得具体直接，便于学生理解。

（五）多样性原则

研学课程资源的开发与利用要秉承多样性原则。依据选择的课程资源，以教学内容、方法和师资情况为基础，结合学生的认知能力、身心特点、接受能力和实际需要，注重系统化、知识化、科学化和趣味化，以一体化课程资源发展思路，依据课程资源的不同层次、不同环节、不同因素围绕一个或多个主题进行有机的衔接与整合，将资源与资源有机贯穿起来，衔接学段、衔接校内课程与师资等，综合性地开发课程资源，从而保证课程的时效性，实现课程的生成性。

研学课程资源多样性体现在资源的地域差异化、城乡差异化、学校差异化三个方面。我国地域之间的研学课程资源差异很大，在种类、存在状态和结构上都有较大的差异。比如，沿海与内地、南方与北方、东部与西部、平原与山区、发达地区与贫困地区等在社会文化、自然资源等方面都存在诸多差异，因此，课程资源的开发要因地制宜，要体现出地域特性，不能追求课程资源的统一性，应当保持不同地域之间研学课程资源的多样性，把地域资源局限性转化成地域资源开发与利用的特色。

比如，研学课程资源城乡之间存在着很大的差异。城市学校可以更多地开发校外公共资源，如图书馆、博物馆、工厂、街道等社会资源，而农村学校则可以利用更现实的动植物、山川、江河等自然资源。因此，研学课程资源在开发与利用上，要结合学校自身优势，注意培育并优化学校的研学课程资源结构。

不同的学校具有不同的性质和任务，其所在位置、历史传统、培养目标、办学宗旨、师生结构、校风校纪、校容校貌等方面各不相同。依据每个学校的教师、学生在知识结构、年龄结构、身心发展特点、个性发展特点上的不同，可以开发差异化、多元化的研学课程资源。

（六）兴趣性原则

所谓兴趣性原则是指研学旅行课程资源的开发与利用一定要顾及学生的兴趣。兴趣是最好的老师，它不仅是研学旅行课程得以顺利开展的基本前提，也是进行研学旅行课程资源开发与利用的基本保证。学生往往是从自己感兴趣的问题中提出活动主题，同样，指导师提出主题，也应创设一定的情境，提升学生的兴趣，才能达到研学旅行课程资源开发的目的。

譬如，济南市纬二路小学李军老师设计的“民间游戏”研学旅行课程，就是在充分考虑学生兴趣的基础上开发出来的。因为这个主题很好地顾及了学生的爱好和兴趣，因此获得了极大的成功。

二、研学旅行课程资源设计的方法

研学旅行课程资源是中小学生研学实践课程建设的基础，要让研学旅行课程资源形成真正的教育力，还需要采取一定的措施进行开发设计，让其在形式、内容、目的等方面符合中小学生研学实践课程的根本要求。在开发设计的方法路径上，首先，要进行研学旅行课程资源的鉴定与筛选，要经得起教育哲学、教学理论、学习理论的推敲；其次，要有效开发现有研学课程资源，优化课程资源配置，发挥开发利用的最大价值；最后，要加强研学旅行课程资源建设，不仅将课程资源开发设计常规化，而且要建立分门别类的、不断更新的研学旅行课程资源数据库，实现不同地区、学校、学科间的数据库资源共享，加强对课程资源的管理与监督，防止课程资源的重复建设、浪费、闲置等现象，实现研学旅行课程资源设计与利用的可持续发展。

下面就以自然生态型课程资源为例，从面向学生生活体验、网络调查资料收集、文献调查资源评估、实地考察方案修正四个方面对研学旅行课程资源设计的方法途径进行阐述。

(一)面向学生生活体验

研学旅行课程资源的开发要根据不同年龄段学生的身心发展特点，考虑课程资源在内容和形式上是否满足并适合不同年龄阶段学生发展的需要。在面向学生生活体验方面，需要从课程资源精准定位、课程资源安全第一、课程资源深度挖掘三个角度进行课程资源设计方法与路径的确立。

1. 课程资源精准定位

研学旅行课程资源是设计研学课程体系的前提，以学生为主体的研学旅行活动，需要对课程资源的选择进行精准定位，以满足不同学段学生需求为目标，对课程资源进行包括教育价值、环境位置、安全设施、组织规模、师资水平、活动方式和管理制度等方面的调查，以确保课程资源开发设计的可行性。

以高黎贡山国家级自然保护区研学实践基地为例，基地拥有齐全的营舍配套设施、完好的自然生态、绝佳的地理位置等。尤其是基地内的明星物种如天行长臂猿、高黎贡树蛙及露鼠等，作为独具特色且具备生态科普教育价值的资源，可为学生提供绿色生态研学实践教育活动的保障。

2. 课程资源安全第一

研学旅行课程资源在开发与利用时需要选择“四有”课程资源基地，即拥有完善的安全防控体系、拥有安全防控队伍、拥有安全防控设施设备、拥有健全有效的安全管理制度。要做到周密安全，就要求研学课程资源必须配备有医务服务设施和医护人员，能为学生提供及时的医疗救助。同时，要求课程资源必须符合公共场所安全的基本要求，有严格的安全管理措施，有针对中小学生群体的特别安全管护措施，资源场地内各类安全设施设备运作良好，同时要认真执行相关行业标准，取得有关管理部门的许可并实现检查达标。

3. 课程资源深度挖掘

课程资源的开发与利用，适宜采取深度挖掘、广度设计的方法，除了要与学校学科深度结合外，在虚拟现实技术下的研学课程资源平台构建上，更需要深度挖掘。课程资源平台可以让学生提前了解课程资源情况，有利于活动中学生对具体活动的深度体验和实践。若是将课程资源平台与中小学学籍系统、研学旅行承办企业管理系统进行有效对接，还可以让参与活动的师生甚至家长虽身处异地，也能深切感受课程资源的优劣，同时针对学生需求进行有效的遴选开发。

（二）网络调查资料收集

进行研学课程资源的开发离不开网络的辅助，通过网络调查，可获得最新课程资源的资料，为后期的进一步开发奠定基础。下面本教材就以自然生态型研学资源为例，从设计模式、内容形式、实施方式、管理形式等四个方面对课程资源的资料收集展开陈述。

1. 设计模式

研学旅行课程资源设计模式的转变，体现在以课程资源实施为导向上，要秉承“在实践中感受乐趣，在乐趣中享受成果”的理念，以“立足区域特色，打造品牌基地”为目标。资料收集要从课程资源的建设规划、生态环境、实践活动、师资队伍、内部管理等方面展开网络调查与资料收集。

譬如，对浙江新希望初心营地课程资源的网络调查显示：在建设规划上，该课程资源有明确的教育功能定位，设置了书屋、营房、综合馆、教学楼、教育楼、剧场、露营区、运动球场、森林农场、净水花园、生态池塘、户外工坊等，设备设施符合中小学研学旅行课程对资源的基本要求；在生态环境建设上，以人与自然和谐相处为目标，以环境承载力为基础，以绿色科技为动力，营造了绿色生态型课程资源；在实践活动上，以认知自我、认知自然、认知社会的课程培养体系为基础，打造了以红色基因传承、综合素质成长、户外自然教育为方向的课程实践内容；在师资队伍上，尝试建设以华东师大等高校为师资顾问团队的研学指导师培养机制和指导师储备人才库；在内部管理上，以安全第一的理念为基石，以集约化公司为管理模式，运用数字化管理手段，建立了多维立体式管理制度。

2. 内容形式

对课程资源内容形式的调研，需要依照开展研学旅行课程学校的具体要求，依托研学旅行课程资源本身已有的规划内容开展网络调查与资料收集。

譬如，对河南行知塾研学实践基地课程资源开展的网络调查数据显示：该基地课程内容与活动以丰富性、多样性著称。课程资源基地将立德树人作为根本教育宗旨，注重多元培养、满足多元需求，为此设立了生活技能训练、野外生存体验、紧急救护训练等方面的内容，同时在地方民俗、传统文化、创客STEM、生态环保教育等方面，做了课程内容的统筹规划，通过与地方教育部门协作，共同开发出了适合及促进学生成长的研学实践课程。

3.实施方式

对研学课程资源实施方式的调研，可以从课程资源实施环节和课程资源教材编写两个方面展开网络调查与资料收集。

以黑龙江地理研学资源为例，其网络调查可从以下几个方面进行。

(1)通过网络观看视频材料，如大型纪录片《航拍中国》《地理中国》《舌尖上的中国》等，寻找适合开展地理研学旅行的素材，了解黑龙江的地域特色。

(2)通过地图网站了解目的地的高清影像，确定研学地点，收集研学内容。例如，天地图网，全称为国家地理信息公共服务平台“天地图”，是国家基础地理信息中心建设的网络化地理信息共享与服务平台，可用来观测全国范围内的实时影像图、地形图、交通图，搜集农业、人口、工业等地图数据，是指导师在研学活动实施前期做功课的有力工具。

(3)手机App辅助调查。现如今，智能手机普遍应用于人们的工作和生活、休闲和学习当中，手机软件更是丰富多样，可在一定程度上帮助人们学习和了解这个世界。一些小工具类软件可以应用于地理教学当中，让地理老师足不出户就能清楚地了解到教学案例所提到区域的地理环境，而将这些软件应用到研学旅行课程资源的开发中，更是为地理教师提供了丰富的资源，节省了许多查阅资料的时间，在一定程度上起到了丰富和科学地校正研学旅行课程内容的作用。在研学旅行实施过程中使用手机 App 还可以很大程度上克服教学工具体积大、不方便携带、操作烦琐、带队教师数量不足等弊端。如植物识别 App“形色”，行程记录 App“六只脚”，河流地貌观察 App“奥维互动地图”，地质地貌观测 App“三维地质罗盘”，气象记录 App“墨迹天气”，研学地点交通线路设计 App“高德地图”“携程”等。通过以上三种网络调查途径收集研学资料，为后续课程方案的设计建立资源库。[①]

4. 管理形式

对课程资源所在地管理形式的调研，体现在四个方面：课程资源安全管理能力、课程资源服务管理能力、课程资源目标管理能力、课程资源师资队伍管理能力。

以浙江天目山自然保护区大地之野天空之城营地为例，其在安全管理上有明确的安全管理制度，并以安全管理指导手册的形式呈现出来，分发给各个部门学习。比如，安全制度第十条，涉及实验、操作、培育等学生亲自动手实践活动的，有以下注意事项：学生操作剪刀、螺丝刀、刀具等金属利器前，要区分年龄段，说明使用方法和安全注意事项，原则上对小学一至三年级的学生，除儿童剪外，应视情况不分发其他任何器具；对涉及用火、用电的操作，要严格区分年龄段，仔细说明使用方法和安全注意事项，原则上小学一至三年级的学生不能参加此类活动，实验区、工作区必须配备符合本室要求的消防器材，状态正常有效，放置在明显或便于拿取的位置；相应实验区或文化教室应设有安全管理规范和工作记录表；在学生单独进行实验时，要配备两名以上的老师，不断巡视，注意学生实验动态，及时解决学生问题；本资源单位设置两名经过医疗救护培训的工作人员，备好创伤药品和急救物品，且与周边县镇医院签订紧急合作协议。

该课程资源基地在以人才为根本的指导师队伍建设上，邀约国内外一线营地、基地、自然教育、环境教育等领域的专家对基地内的指导师开展了近 15 场培训，涉及课程设计规划、营地管理、紧急安全救护、儿童与

① 陈书敏.黑龙江省地理研学旅行课程资源的开发和应用研究[D].哈尔滨：哈尔滨师范大学，2019.

家庭教育心理学等诸多方面。

（三）文献调查资源评估

设计者在网络调查的基础之上，已对研学课程资源有了初步了解，需再进行文献调查，即评估研学课程资源对于素质教育的适用性、可用性及接待条件，为研学旅行课程的开发和设计寻找科学的支撑。通过文献调查，对研学课程资源进行评估，将科学的研究成果转变成相应研学活动课程的内容，既能保证研学旅行课程的科学性，又能丰富研学课程的内容，且符合“行”“旅”“学”“研”的课程理念。

设计者通过知网、万方、维普、百度百科等网站查阅文献，了解研学地点的地质地貌概况（地质类型、地貌种类、河流地貌发育史等）、气候（异常天气、河流流量变化数、自然灾害史等）、生态情况（包括动植物的种类、数量、受保护程度，流域湿地面积发展、湿地生态质量及治理、河流水质变化等）、工农业发展（区位因素、企业发展历程、生产技术）、人口（区域人口数量变化、迁入迁出率、居民主要劳动方式、受教育程度等）、民族组成（民族特色文化、文化旅游产业发展情况）、风土人情、文化场馆（场馆主题、内容、容纳量）等，评估其对于进行地理研学旅行课程的适用性、可行性，结合课标、研学资源、教材、学生的实际情况来确定研学旅行课程的主题。

（四）实地考察方案修正

开发研学旅行课程是为了将学校的校内课程资源转化成有效的研学旅行课程资源，开发的关键是要确保课程内容的科学性、教育性，以及课程实施的有效性。开发设计者通过网络调查和文献调查获得的资料还不够精细、具体、全面，不能直接作为研学旅行课程的内容。为了加强研学旅行课程资源实施的针对性和具体细节的精细程度，加强研学课程资源与校内课程的有机结合，设计者在网络调查、文献调查的基础之上还应进行实地考察，与前期准备的资料做对照，将研究数据与实地结合，精选研学地点、线路、内容，设计研学旅行课程方案。这既是对前期准备资料的验证，也是对研学课程设计的实地考察，使研学旅行课程内容更具探究性和实操性，可充分发挥研学旅行课程资源的教育价值，提高研学旅行课程的教育水平。

第三节　体育研学旅行课程资源的开发

课程资源是课程的根基，课程资源开发是课程内容的直接来源，是课程规划与实施的重要组成部分。研学旅行作为综合实践活动课程内容，强调面向学生完整的生活世界，引导学生从社会生活或与大自然的接触中提出有教育意义的活动主题。因此，丰富、广泛的课程资源对于研学旅行课程的实施十分重要。研学旅行活动的设计与实施是建立在对课程资源的开发利用的基础上的。研学旅行课程资源开发得越广泛，学生成长的真实场域就会越宽广，研学旅行课程资源的开发就会越深入，课程教育价值也就越大。另外，潜在的课程资源，只有经过创造性的深入开发，才能充分发挥其教育功能。

一、研学旅行课程资源类型

分类，可以条理清楚地说明事物，有利于厘清事物之间的关系，挖掘事物的内涵。研学旅行要进行课程的资源开发，首先要了解课程资源的类型，只有这样，才能有效开发资源，将资源课程化。

（一）研学旅行课程资源

课程资源有广义与狭义之分。广义的课程资源指有利于实现课程目标的各种因素，是有助于学生学习的各种素材与条件；狭义的课程资源则仅指形成教学内容的直接来源。综合两种观点，可以将课程资源理解为：在课程设计与实施等整个课程过程中可以利用的一切人力、物力以及社会与自然资源的总和。研学旅行课程资源包括教师、学生、家长、学校、物质的和非物质的文化遗产、现代工农业基地、科技企业、红色文化遗址、社会各方面的从业者以及自然环境与生命世界等。总之，所有研学旅行中有助于实现课程目标、促成学生开展学习的各种资源都是研学旅行课程的资源。

（二）研学旅行课程资源的类型

研学旅行作为综合实践活动课程内容，强调面向学生完整的生活世界，引导学生从社会生活或与大自然的接触中提出有教育意义的活动主题。因此，丰富、广泛的课程资源对于研学旅行课程的实施更加重要。

研学旅行课程资源的类型划分与综合实践活动课程资源是一致的，从物质资源与文化资源的角度（物质资源与文化资源很难彻底厘清），可以具体划分为物质资源、人力资源（从物质资源中剥离）和文化资源三个基本类型。

1. 物质资源

研学旅行课程的物质资源包含自然资源和社会资源。

自然资源涉及各种自然因素和自然条件，自然资源中包含的自然因素，如水土、植被、动物、气候和地理环境等，都可以成为学生研究的对象。学生可以从中发现一些与自然有关的探究性问题，如潮间带海洋无脊椎动物或藻类、某区域植被特点、土壤含水量、地貌、潮汐等自然因素都能成为综合实践活动的自然资源。考察探究活动是综合实践活动的主要方式之一，学生可以基于自身兴趣，在研学旅行过程中开展野外考察等活动。

社会资源涉及各种社会因素、社会条件。研学旅行的社会资源除了工厂与高科技企业、高等院校、农村与农业基地、军舰等国防武器装备外，还包括地区的博物馆、历史遗迹、社会机构、贫困地区学校等。考察社会资源是研学旅行活动中的重要内容，由此还可以开发出多样化的社会问题探究、社会考察和社会调查等活动。

基地资源是社会资源中的内容，在此单独提出，结合文件讨论，加强对此资源的理解。教育部等十一部门印发的《意见》明确规定要将研学旅行纳入中小学教育教学计划，要加强研学旅行基地建设。要根据研学旅行育人目标，结合域情、校情、生情，依托自然和文化遗产资源、红色教育资源和综合实践基地、大型公共设施、知名院校、工矿企业、科研机构等，遴选建设一批安全适宜的中小学生研学旅行基地。2017 年以来，教育部利用中央专项彩票公益金支持开展中小学生研学实践教育项目，并在国家有关基地主管部门和各省级教育行政部门推荐的基础上，经专家评议、营地实地核查及综合评定，将千余个单位命名为“全国中小学生研学实践教育基地”“全国中小学生研学实践教育营地”。各类研学旅行基地的陆续评定，为研学旅行的健康发展提供了重要物质资源。

2. 人力资源

中小学校是综合实践活动课程实施的主体，研学旅行作为综合实践活动课程的内容，其人力资源包括校内人力资源与校外人力资源。校内人力资源有学校的学生、校长、教师以及学校的其他工作人员。校外人力资源有学生家长、研学旅行指导教师（辅导员）、与课程内容有关的专家（为学生提供有效参与的专业支持）和社会相关人员。社会相关人员是一种庞大的人力资源，考察中遇到的所有人都可以成为研学旅行的人力资源。在人力资源开发上，不仅要关注具有某方面技能的专业人员，如“非遗”传承人、老革命战士、专家学者、工人农民等，学生在考察时遇到的挑山夫、商贩、路人等也是可以挖掘的人力资源。

目前，很多学校实施研学旅行课程采用购买教育服务的方式。研学旅行服务机构会提供指导教师（辅导员），这些人员具备较丰富的有关考察对象的相关知识，能承担讲解工作和一定的指导工作，但教育方面是弱项。因此，学校教师，特别是综合实践活动教师要负起指导学生开展研学旅行活动的责任，各学科教师要发挥专业优势，承担起相应职责。在考察探究中对学生研究课题的指导和研学旅行课程的实施中，学校教师应该是重要的人力资源之一，只有学校教师全员参与指导和管理，才能保障研学旅行课程的实施质量。

3. 文化资源

科学文化知识、传统文化遗产、民族文化、制度文化等都属于文化资源，现代信息资源、社会文化活动等也属于文化资源的范畴。

我国具有悠久的历史和优良的文化传统，各种民俗、民间艺术、民族文化、红色历史等都是研学旅行活动宝贵的课程文化资源。

为了深入理解研学旅行课程资源的内涵，从而深度开发利用课程资源，我们将课程资源进行了分类与剖析。但要明确的是，人、物质与文化是很难分开去研究的，研学旅行课程资源的每一项内容也是综合的。如一个文物，它是物质的，更是文化的，是物质与人文和科学技术的综合体。我们一定要树立资源随处可见，资源处处可得，人人都可以成为资源，事事也都是资源的动态发展观。

二、研学旅行课程资源的开发与利用

研学旅行课程资源的开发与利用，需要在课程理念的指导下，依据课程资源开发的原则，规范、科学地进行。研学旅行课程资源类型多样，内容丰富，在开发时不仅要有上位思想理念的指导、原则性的规范，还要注意开发的策略与方法，只有这样，才能高效地开发资源，利用资源。

（一）研学旅行课程资源开发的原则

1.教育性原则

将旅游资源转化为研学旅行课程资源进而转化为课程内容，这样的研学旅行课程资源开发思路是不正确的。研学旅行活动首先是课程内容，应追求其教育功能、教育性原则，因此研学旅行课程资源的开发与利用要围绕课程的教育目标进行，要深入挖掘课程资源的教育价值，一切有违课程教育目标的资源或内容，都不能纳入研学旅行课程中。

2.实践性原则

研学旅行课程资源的开发，必须以综合实践活动课程的基本理念为指导，坚持课程资源开发的实践性原则。在选择与开发课程资源的过程中，应从课程目标的整体性和实施过程中学生的实践性入手。各学段、各种类型的活动资源开发都要实现学生亲历各项活动，在参观、考察、动手做、实验、设计、创作、反思与交流的过程中，实现体验、体悟、体认，让学生全身心地参与到考察、探究等活动中，发现、分析、解决问题，感受生活，体悟社会现象，发展创新能力，在实践中增长知识、见识。如对于博物馆资源，不能停留在让学生听讲解和走马观花的参观层面，要让学生带着研究的课题或问题参观，将有些博物馆内容转化成学生的实践活动内容。例如，中国农业博物馆有传统农具直辕犁和曲辕犁展品，学生参观后了解到，在农业的发展历史过程中，农具的设计与创造是生产力改变的一个重要因素。

展品本身具有独特的社会作用，是人类探索的结果，包含了人类的探究过程。如果只停留在观看展品层面，不仅枯燥，也达不到应有的教育目标。可以对展品资源进行深度开发，给学生提供尝试耕地的实践探究活动，引导学生研究从直辕犁到曲辕犁的演变过程，在真实的耕地体验过程中发现直辕犁的缺点与问题，在实践体验的基础上引导学生动手动脑，制订改进计划，不断改造与尝试，最后得出改造后的成品模型。在重演展品创造发明的探究过程中，目的不是重演，而是让学生懂得工具的价值，理解“科学技术是第一生产力”的概念，有发明创造未来农具及生产生活工具的欲望与梦想，进而懂得实践改造世界的作用。

3. 科学性原则

在教育性原则与实践性原则的基础上，开发课程资源还要注意科学性原则。科学性体现在两个方面。一方面是资源开发要符合学生的认知特点，同样的资源，对于不同学段的学生，资源开发的深度和广度会有所不同。如对潮间带海洋无脊椎动物的考察，小学生可以通过对单位面积海洋无脊椎动物数量的调查，了解特定地区潮间带海洋无脊椎动物的密度，也可通过采集观察，统计特定潮间带海洋无脊椎动物的种类；而中学生就可以深入研究海洋无脊椎动物的分类与名称、生活习性，这些动物的形态特征与生物对潮汐的适应，潮间带的地理特征与人类生活、生产活动的关系等。另一方面是课程资源转化成课程内容的科学性，即内容的科学性与方法的科学性。如考察古盐田，不仅要让学生考察古法晒盐的过程，了解先民的智慧，还要引导学生通过科学实验探究海水、晒盐的卤水中盐浓度的变化，用科学的方法解决问题，学习严谨规范地解决问题的科学方法。

4. 经济性原则

课程资源的开发和利用要尽可能用最小的成本和精力实现其最大的教育功能，需要广泛和深入开发研学旅行课程资源，对各种资源进行整合利用，开展活动要做到资源的效益最大化，体现经济性原则。在课程实施过程中要有节约意识，尽量就地取材，尽量废物利用，尽量循环使用，尽量降低课程成本。

(1)降低成本，实现教育效果最大化

站在教育的视角看资源，会发现生活处处皆资源。心中有教育，眼里有资源，处处皆学问。研学旅行是一种生活化学习，现实的社会即学校，行走中遇到的人皆为师者，亲历的事皆为教材，这就要求建立新的课程资源观。要在有限的经济投入中，实现研学旅行“性价比”最大化，实现教育效果最大化，充分利用旅途中的各种资源，发挥其教育作用。例如，学生在研学旅行乘坐高铁的过程中，可以利用高铁的人力、物力资源开发课程内容，开展职业体验活动，让学生体验高铁乘务员的各项工作，访谈乘警，与乘客进行交流访谈(在辅导员视野范围内)。

人力资源效能的发挥也是降低成本的重要方面。课程的研发是一个系统工程，有些学校依据自身特点将学校的研学旅行课程做了系统的开发，并将活动课程纳入学校的课程体系中，无形中减少了开发成本。例如，北京理工大学附属中学通州校区，依托独特的地域优势，开发了大运河系列课程，并做了课程开发与实施的三年规划。每一年，在课程开发与实施过程中，不断固化课程资源，不断优化课程资源，三年来形成了一套完整的课程资源系统。在课程资源不断提升的同时，投入的开发成本不断降低，此课程也由原来的研学旅行课程逐渐扩展成为学校的特色课程，渗透到一些学科教育教学之中。师生共同在实践的过程中，不断完善优化课程内容。

降低成本还要注重减少时间成本。研学旅行往往是大团队集体出行，在组织上会耗费很多时间，如购票等待时间，集体排队时间，甚至有些体验活动也需要等待，因此就要求活动的设计与实施者充分考虑这些因素，结合资源特点，周密安排，调整活动顺序和形式，从而起到事半功倍的效果。

(2)依托现有条件就地取材

在课程实施过程中，往往要制作教具与学具。在物料准备过程中，同样需要有节约意识。就地取材，废物利用，往往是活动设计的首选。例如，海洋意识教育课程中的海岛生存课程，有学生自制紧急逃生工具，制作逃生筏的活动，这就需要为学生准备木头、绳子等材料。这些材料有时准备起来很不容易，即使可以准备，也要思考：生活中遇到紧急情况时，是否可以找到相应材料呢？于是，组织者将活动改为就地取材，让学生体验一次真正的紧急逃生。运用空瓶换水这一规则，让学生以小组为单位积攒矿泉水瓶子，在活动当天自带空瓶乘船登岛。起初学生们感到很疑惑，当学到制作逃生工具这一课时，他们才恍然大悟。学生们想尽一切办法就地取材，制作逃生工具。有绳子有木头的，按照常规方法制作；有绳子无木头的，就寻找其他材料，如将矿泉水瓶子绑在一起，同样制作成功；没有绳子的，将空瓶子拧在衣服上，带着满身的瓶子居然也能漂浮。物资的短缺极大地激发了学生的创造力。

(3)充分利用资源

研学旅行课程要注意充分利用资源，例如，在成果交流过程中，一些学校组织研学旅行归来的学生在全校范围展示研学旅行的成果，分享经验，交流感悟，这样可为学生提供展示的舞台，创造共享成果的机会，同时高年级学生为低年级学生上了生动的行前指导课，充分利用学生这一人力资源。

现代信息技术发展为课堂教学带来了翻天覆地的变化。现代信息技术的发展把教育推到了教育信息化时代，云课堂、空中课堂、网络课程应运而生，云研学也逐渐走进学校。很多研学旅行教育服务机构纷纷成立摄制组，开始开展综合实践活动网络化教学。对于媒体资源，要充分利用现有优质资源，如中央电视台、各省级电视台录制的科教片、文博片、纪录片，“学习强国”中的一些视频资源等都是很好的资源，可结合研学内容，进行二次编辑，提供给学生学习，或推荐相关网站，让学生自行查阅。

5. 系统性原则

课程资源开发的系统性表现在两方面。一方面是课程内容的系统性引导认知与思维发展等方面，体现在主题序列的构建，研究内容与方法的递进性；如北京市通州区教师研修中心以大运河为依托，以政治国脉、经济动脉、社会命脉、历史文脉、生态水脉为主要内容开展“大运河与国家统一”“大运河与经济发展”“大运河与文化科技发展”三大研学主题的研究性学习，系统地研究大运河所蕴含的劳动智慧。另一方面体现在顺应学生情感的发展，形成课程序列与情感系统。通过挖掘课程资源之间的内在联系，对资源进行系统开发，引导学生情感的发展，促进学生树立正确的价值观。如在侵华日军南京大屠杀遇难同胞纪念馆研学资源的开发上，可以抓住情感变化线索开展课程设计。

在课程安排上，第一，去纪念馆参观，整体感知那段历史，形成情感积淀。第二，举行纪念仪式。在对历史事件进行整体认知的基础上，举行纪念仪式，这时学生有了情感基础，能提升活动的教育效果。第三，带领学生前往“万人坑”遗址陈列和悼念广场祭奠，为遇难者献花，表达哀思。第四，在和平纪念碑前进行课程分享，理解和平的内涵。同时，还可以依据资源，与幸存者进行交流（前往幸存者家庭访谈），提升课程的内涵。总之，系统性原则可以促进课程主题序列的构建，加强课程内容的联系，强化思维能力的提升，促进情感的发展。

（二）研学旅行课程资源开发策略与利用

研学旅行课程要结合学校育人目标，融入学校课程建设体系之中。其具有综合实践课程研发的基本样态，也包含德育课程的各个元素，是复合型、多功能的课程。通过挖掘各种资源内涵，在资源的开发与利用上可以从分析资源现状，解读资源内涵，挖掘教育价值，强化动态生成等几方面入手。下面将从不同资源类型的角度，对研学旅行课程资源的开发与利用进行具体阐述。

1. 自然资源开发策略与利用

自然资源包含水土、植被、气候、海洋生物、地质地貌等。这些自然因素都是综合实践活动的自然资源。研学旅行把学生带入自然，学生可以从中发现一些与自然有关的探究性问题，比如：潮间带的红树林为什么能在海水里生活？热带雨林的环境特点是什么？柱状玄武岩的特点及其形成原因是什么？考察探究活动是综合实践活动的主要方式之一，学生可以基于自身兴趣，选择课题，在教师的指导下开展野外考察等活动。

在开发自然资源时，要注意从专业的角度，综合环境因素开发，并形成课程资源。将课程资源转化成课程内容时，要注意科学性，要符合学生认知水平，建议由专业教师把关，同时避免成为单一的学科化活动。如考察玄武岩，同时也要在地质地貌研究基础上，了解该区域的生物、气候及相关的社会活动。

(1)依据资源特点，合理选择课程地点

自然资源是丰富多样的，就某一地区来说，自然资源丰富，不等于都可以作为课程地点进行开发。例如：湛江特呈岛潮间带有大片的红树林，有些地方红树林密度大，有些地方红树林密度小，还有些地方红树林有间断的地带形成小片滩涂。如何选择合适的地点？这就要看资源的特点。红树林过密的地方不利于学生考察，地势高的海边土壤有些干，与滩涂相比缺乏一些海洋无脊椎动物，要考察红树林，同时考察海洋植物与无脊椎动物物种，就要精心选择适合开展课程的地点作为课程资源。

(2)系统分析资源特点，整体开发课程资源

某一地区的自然资源一定是在一个生态系统中，生态系统中的各种资源有其特点，但各种资源并不是孤立存在的，这些资源之间存在着相互依存、相互影响、相互竞争等复杂的关系，特别是人的因素出现在自然环境中，使自然生态发生变化。在开发课程资源时，不能孤立地开发各种资源，要从生态的角度，系统地分析资源特点，整体开发课程资源。

例如湛江特呈岛，各种海洋资源丰富，是一个丰富的生态系统，但也有人类活动对生态系统的影响，开发特呈岛课程资源应以其自然资源为

主体，兼顾人类活动对生态系统的影响这一因素，整体开发课程资源。

(3)深度挖掘人力资源，发挥专业人员的优势

在课程设计中也要充分考虑专业人力资源的作用，充分开发当地高校、科研机构、专业管理机构等人力资源，为研学实践提供专业人才保障，发挥专业人力资源的优势，为学生的研究性学习实践活动提供专业的人力资源。例如，在海洋意识教育课程设计中，与海洋大学和当地研究所充分合作，由专家和专业老师组成实践课程专家指导团队，科研人员、专家加入课程指导教师团队，参与课程讲解和考察探究活动；在红树林考察中，专家带领学生走进红树林，开展科考活动，指导学生考察和探究，对于学生现场提出的问题及时给予专业指导和解答。

2.博物馆资源开发策略与利用

博物馆保存着人类文化的遗产，保存着人类的记忆，保存着对自然与文化的认识，展示人类活动和自然环境的见证物。目前，将博物馆资源转化为课程资源，发挥其教育价值已成为人们的共识。在研学旅行活动中，很多研学课程中含有博物馆的考察参观活动内容。但我们必须认识到，如果博物馆教育仅是让学生看展品、听讲解，这样的博物馆资源开发不仅缺乏深度和广度，还缺乏效度。

首先，开发博物馆资源时，一定要明确博物馆的类型，中国的博物馆一般划分为历史类、艺术类、科学类与技术类、综合类四种。要想在最短的时间内全面了解一个城市，就参观该城市博物馆。如学生到一个陌生的城市研学旅行，其考察内容是综合的，涉及民族、文化、历史、经济、自然环境等，如果能在这个研学旅行活动中，开发一个地区综合性博物馆的资源(省或市博物馆)，设计一个综合博物馆的研究性学习课程，作为整个研学旅行第一个或最后一个课程，将会对整个研学考察起到认知上的凝练与整体提升作用。如“探皖南徽州文化，访徽商故里人家”研学活动中，第一个活动项目就是安排学生参观徽州文化博物馆，让学生通过参观展厅、听讲解员讲解，初步了解徽州、徽商、徽州建筑、徽州教育、徽州的科学与艺术，为之后的探究学习奠定较好的基础。

其次，在开发博物馆资源时，一定要关注博物馆资源的教育价值。针对不同的博物馆，思考博物馆资源学习的侧重点在哪里。分析在这些博物馆中，学生以什么方式、用什么方法进行学习；如何有针对性地激发学生的研究兴趣；怎么指导学生利用博物馆资源开展活动和自主学习。如京磨国际教育科技（北京）有限公司在开发博物馆系列课程时总结出“门外看建筑、走入观展陈、细节见藏品、回望读历史”的学习路径，让学生由外向内、由整体至局部、由表及里、由浅入深地进行博物馆学习。

最后，在开发博物馆资源时，一定要注重博物馆资源开发的系统性。通过对不同学段的课程设计，引导学生不断深入学习，不仅在知识、思维方法与研究能力上，更在情感上全方位将学习引向深入。

3.景区资源开发策略与利用

景区资源开发是研学旅行课程的一项重要内容，不同景区承载着不同的资源。按旅游资源类型分类，景区可划分为以人文景观为主的人文景观类景区、以自然景观为主的自然景观类景区及人文景观与自然景观综合类景区。

人文景观类景区含有各种社会环境、人民生活、历史文物、文化艺术、民族风情和物质生产等人文资源。如兵马俑、都江堰为历史遗址景区资源，苏州园林为建筑物景区资源，贵州苗寨为民族民俗景区资源等。

自然资源景区以自然资源为依托，有地理景观类资源（如各种地质公园）、水域风光类资源（如各种瀑布、湖泊）、生物类资源（如潮间带无脊椎动物、热带雨林）等。

4.非物质文化遗产资源开发策略与利用

根据联合国教科文组织《保护非物质文化遗产公约》的定义，非物质文化遗产被界定为：被各群体、团体、有时为个人所视为其文化遗产的各种实践、表演、表现形式、知识体系和技能及其有关的工具、事物、工艺品和文化场所。《中华人民共和国非物质文化遗产法》中的定义为：非物质文化遗产是指各民族人民世代相传并视其为文化遗产组成部分的各种传统文化表现形式，以及与传统文化表现形式相关的实物和场所。包括：口头文学以及其作为载体的语言；传统美术、书法、音乐、舞蹈、戏剧、曲艺和杂技；传统技艺、医药和历法；传统礼仪节庆等民俗；传统体育和游艺；其他非物质文化遗产。

我国是历史悠久的多民族国家，具有丰富的非物质文化遗产资源，在人文景区资源中，也包含大量的非物质文化遗产，在此我们将此类资源单列出来，是希望在开发资源时，注重这一类课程资源的开发与利用。

对于非物质文化遗产的资源开发，要注重从非物质文化遗产的形成历史、自然环境因素、社会环境因素（政治、经济、文化、宗教等）等方面去挖掘内容，注重学生体验与研究活动设计，从而理解其精神内核与价值。

5.红色资源开发策略与利用

红色资源是从教育类型角度划分的资源类型，一般是指中国共产党成立以后、新中国成立以前各历史时期重要的革命纪念地、纪念物及其承载的革命精神。如革命老区，红军长征沿线，抗日战争与解放战争烈士纪念碑、纪念馆等。红色教育是研学旅行课程的重要内容，红色资源的开发要深入，红色资源的利用要充分，红色内容的学习也要注意联系学生的生活经验，找到学习切入点，激发学生的情感，把握价值观的提升点，使红色资源开发有深度，教育活动设计有高度，教育活动在资源开发的基础上有设计可依，但不僵化于设计，关注学习过程资源的生成点，使课程在动态的优质资源中生成。

在红色资源的开发上，特别要重视人力资源的开发与利用。让老红军及其后代、重要事件的亲历者等历史见证者走到台前，与学生交流，激发学生的爱国情怀。例如，在《厉害了，我的桥！》南京长江大桥研学旅行课程设计中，大桥设计者、大桥建设者、守桥官兵以及参与第二次大桥修复的建桥工人等都是这一课程开发需要的人力资源。通过请大桥的建设者讲自己的建桥经历，走进守桥官兵的军营参观，访谈现场修桥的建筑工人等形式，开展研学旅行课程体验。挖掘人力资源背后的历史，将历史见证者请到台前，让学生开展人物访谈、现场调研、生活体验、纪念仪式等活动，可充分发挥红色教育资源的教育功能。

另外，很多党政机关的红色培训基地也对学生开放，成为科学、规范、严谨的红色教育研学旅行资源。资源开发者一定要注意依据学生的年龄特点及学习需求开发资源，而非生搬硬套、盲目套用。很多红色基地设计的穿红军衣、吃红军饭、走长征路（真实的长征线路）等体验活动内容丰富，形式多样，深受学生的喜爱。但也有流于形式，重表象轻内涵，不重视细节的现象，这些应引起资源开发者的重视。

6. 课程资源的综合开发与整合

研学旅行课程资源是丰富的。在研学旅行课程资源开发中，要综合开发课程资源，将自然资源、文化资源、人力资源等有机整合，形成系统的课程资源与内容，从而有效达成课程目标。同时，更要注重生活化资源的开发与利用。陶行知认为，生活课程来源于自然，来源于社会，来源于生活，并认为生活决定教育，生活是教育的中心，生活中的教育才是真正的教育。教、学、做合一，是践行陶行知生活教育理论的一个根本方法。因此，在研学旅行课程资源的开发与利用上，必须关注研学旅行全过程，以学生亲历的生活为基础，深度挖掘教育资源。如学生的出行安全管理、生活管理、团队组织管理内容，都可以转化成课程资源，让学生自我组织，自主解决。很多学校在研学旅行的课程开发和组织实施中，充分发挥学生的主观能动性，形成课程自主选择、活动自主设计、生活自我管理、过程自我体验的观念，为学生搭建自我成长的舞台。对活动中出现的一些问题，同样可以交给学生去研究解决。在《跟着运河探寻劳动智慧》案例中，课程资源以大运河为依托，从自然、历史文化、科学技术、社会生活与国家政治等方面进行了综合开发与整合。

再如，研学旅行中，拍集体照是每一次团队活动都不可缺少的环节，几百人集合列队往往需要花费大量时间。这既是一个现实问题，也是一个很好的课题，它包括照相队形的编队方式、确定中心位置、班级带入顺序等问题。将这样的旅行生活问题交给学生解决，让学习与现实生活紧密相连，做到课程资源的综合开发与整合。

三、研学旅行资源开发过程中要注意的问题

研学旅行已经成为培养学生综合素质、促进学生理论与实践相结合的一种新的重要的教育方式，是隶属于综合实践活动课程的内容。由于是新生事物，有些学校目前还没有开展综合实践活动课程，在资源开发方面经验不足，因此更要注意以下几个问题。

（一）明确教育需求，强化资源意识

开发资源不能盲目，要明确教育的需求，从课程目标出发，发现资源，理解资源，开发资源。正如上面的论述，课程资源无处不在，就看课程设计与实施者有没有强烈的课程资源意识，有没有将课程目标烂熟于心，如果能做到这两点，就会具有对课程资源的敏锐感觉。

挖掘生活中的育人素材，努力实现研学旅行生活课程化。在生活保障方面，在考虑学生特点的基础上，还要思考环境中的育人因素，思考这些生活元素与课程内容间的内在联系，如何将研学旅行生活转化为课程资源，实现全方位、全流程育人，这是研学旅行服务机构应该具有的课程敏锐性。如在研学旅行过程中，安排学生体验当地饮食文化，将就餐礼仪教育、尊重民族文化教育、勤俭节约教育等与生活管理相融合，让学生就餐也成为研学旅行课程。在山西，可以安排学生去面食博物馆参观学习体验，并在此就餐；在徽州，安排学生分组到蜀源人家体验徽州人民的生活，在农家亲手做一顿饭；在西安，组织学生去品尝羊肉泡馍、西安特色餐饮；在南京，带学生到秦淮人家品尝十三道特色小吃；在扬州，带学生去品尝和体验扬州早茶。通过这样的体验，学生不仅能了解当地人惬意的生活，获得味觉享受，更能体会中华饮食文化的丰富性与劳动人民创造美好生活的智慧。在体验地方饮食文化的基础上，学生还可以将产生的问题课题化，进一步研究地方饮食文化的内容。

另外，可根据学生的年龄特点，成立各种生活保障工作组，让学生参与到研学管理中来，实现自我管理，如房管组负责住宿的统计、分配与管理；餐饮部负责餐饮的联系和分配；安全部负责整体活动的安全保障；宣

传队负责活动中的家校沟通和媒体宣传。作为服务机构要有敏锐的课程意识,创造更多的学习体验机会,让学生深入其中,全方位锻炼能力。

(二)重视显性资源,开发隐性资源

显性教育资源是指直接运用于教育教学的资源。在教育中还有隐性教育,也称隐形教育、潜在教育,是相对于显性教育提出的,其教育目的和意图并未明确显现,而是隐藏于显性事物之中,以潜移默化的方式使受教育者在不知不觉中受到影响,得到教育。而这些隐性教育往往会收到意想不到的教育效果。

隐性的资源一旦被有意识地开发、利用,就可以转变为显性资源。目前,自然资源、基地营地资源、非物质文化遗产资源、博物馆资源等社会资源都可以看作显性教育资源,同时,环境中也隐含着很多隐性教育资源。隐性教育资源在活动中比比皆是,需要课程设计者进行深入的开发和利用。

例如,为大力弘扬工匠精神、厚植工匠文化,从 2016 年开始,杭州市就组织开展杭州工匠认定工作。在此基础上,为多渠道、全方位、立体化展示劳模风采、弘扬工匠精神,进一步发挥工匠、高科技人才的帮带、示范、领军作用,激励广大劳动者争当时代先锋,助推知识型、技能型、创新型劳动者大军建设,2019 年 4 月 3 日,杭州市十三届人大常委会第十八次会议审议决定,自 2019 年起,设立每年的 9 月 26 日为“工匠日”。“工匠日”的设立是一种标志、一种赞许、一种引领和一种氛围。除了每年“工匠日”的庆祝活动,杭州市还着重营造全社会尊崇工匠的社会风尚。杭州的大街小巷充满了工匠元素,修建了全国首条劳模工匠文化绿道,推出了为杭州工匠专属定制的“杭州通”服务卡——“匠心卡”。这一社会氛围就是研学旅行课程的隐性教育资源,在研学的路上,学生通过耳濡目染,受到了隐性教育。

在开发显性教育资源的同时,注意发现隐性教育资源,将显性教育资源与隐性教育资源结合,发挥资源的教育合力是非常重要的。例如,江苏京鹰教育科技有限公司利用上述大环境的隐性教育资源,同时开发显性

教育资源，设计了“感悟苏绣的魅力，解读工匠精神”研学旅行体验课程。该课程把一个真实传承苏绣技艺的普通百姓家庭请到学生中间，家庭的男主人是技工学校的老师，他为学生讲授了苏绣发展的历史与现状，以及苏绣背后的文化内涵。家庭的女主人从小学习刺绣技艺，是一名绣娘，她为学生讲述了自己的成长历程，介绍了自己对苏绣文化内涵的理解。她亲自教授学生苏绣技艺，学生亲身参与体验，遇到问题由绣娘指导解决。这个体验课程是工匠精神的一个点，是一个显性教育资源的开发，在此活动中不断地寻找这样的点、这样的显性教育资源，将这些点连成线，与隐性的社会氛围教育资源整合，就能使学生感受到社会对工匠精神的重视，加强对工匠精神的理解。

在隐性资源开发上，需要开发者有强烈的资源开发意识，有对教育的深刻理解，更要有对研学旅行教育价值的追求。

（三）开展调研考察，注重资源系统整合

研学旅行的课程资源以其独特性存在于社会生活的方方面面。这就需要课程设计者开展深度的实地考察与调研。要在原有的旅游常规踩点的基础上，对物质资源和社会资源逐一进行考察，思考资源如何为“我”所用，挖掘资源间的内在逻辑，站在课程的高度系统构建。

例如，海南洋浦古盐田考察，如果不注重深度调研、系统整合资源，对资源的开发可能就会聚焦古法晒盐的过程、晒盐的方法、晒盐过程中利用的工具等；如果系统开发，就会发现洋浦独特的地质地貌特点、制盐中的科学与技术、当地百姓与盐有关的社会经济活动，将这些资源与上述资源整合在一起，形成系统，将会使资源发挥更大的教育价值。

（四）深度挖掘课程资源的内涵，提升课程资源的教育价值

绝大多数课程资源是显性的，不同的课程资源开发者面对同一个资源，对资源内涵的挖掘深度与广度不同，资源教育发挥的价值就不同。潜在的课程资源，只有经过创造性的深度开发，才能充分发挥其教育功能。例如，都江堰普遍作为研学旅行学习内容的课程资源，人们先看到的是水

利工程，挖掘其科技教育资源、地质地貌教育资源、历史教育资源、都江堰水利工程对农业作用的资源、人与自然和谐相处的设计思想，甚至还挖掘其历史上的军事作用，这些都是良好的课程资源。都江堰的水文化内涵极其丰富，但最终要从哲学的层面认识都江堰设计中的“道法自然”的哲学观、“天人合一”的思想观、“人水和谐”的价值观。应深度挖掘这样的课程资源内涵，使其成为能够联系学生生活，指导与提升学生思想行为的课程资源。同是水利工程，“堰”与“坝”设计理念截然不同，一“疏”一“堵”，一个“和谐相处”，一个“激化矛盾”。学生在学习生活中应如何做人？如何处事？如何参与班级管理工作？是交流沟通还是强忍不悦？是强行命令还是教育引导？小到学生为人处世，大到治理国家，都能从“堰”与“坝”的设计理念与哲学思想中获得启示。因此，在挖掘都江堰水文化资源时，对“堰”深刻的哲学思想与“坝”的设计理念进行深度比较，并结合学生生活实际问题，形成课程资源，才能发挥课程资源更大的教育价值。

第四节　体育研学旅行线路的设计

目前，研学旅行线路多数建立在旅游线路的基础之上，是针对学生发展的特定需求设计与开发的。因此，我们首先要明确旅游线路设计的内涵及其开发原则与方法，这样更有利于研学旅行线路的开发与设计。

一、研学旅行线路设计原则

研学旅行线路设计往往与旅游线路设计有相同之处，甚至有些研学旅行线路与旅游线路完全相同。但是，由于面对受众的特定性、青少年教育的独特性以及活动内容和形式的特殊性，研学旅行线路的规划与设计又有其独特的方式与要求。研学旅行线路的设计原则应在旅游线路设计原则的基础上，更强调安全性、教育性及科学性。

（一）安全性原则

安全是研学旅行的基础和保障。研学旅行要坚持安全第一，建立安全保障机制，明确安全保障责任，落实安全保障措施，确保学生安全。

学生安全是学校、家庭和社会共同关注的焦点，只有在确保安全的前提下，才能开展相应的学习考察活动，确保研学旅行顺利进行。研学旅行作为一种新的教育形式，线路设计至关重要。它是活动的链条，更是课程的基础。因此，研学旅行线路设计首先就应关注安全工作的落实，从交通安全、人身安全、活动安全、饮食安全、活动场地及设施安全等多方面进行考量。只有这样才能让学校和家长消除后顾之忧，支持学生参与研学旅行活动。

研学旅行线路设计的安全性原则是指：在设计研学旅行线路时，要充分做到一切危险、威胁、隐患均在可控范围内，学生的身心健康得到保障，财产不受损失。安全管理要贯穿于整个研学旅行线路设计的过程中。因此，在选择研学旅行学习资源时，应避免选择危险性高、没有安全保障或存在安全隐患的资源。在线路设计中，要充分分析线路中所有构成要素存在的安全隐患，做好安全防控，提前处理潜在威胁，规避不可控的危险。同时，还要对线路中的每一处资源逐一进行实地考察，做出安全评估，制定翔实的应急预案，确保安全工作得以落实。

（二）教育性原则

研学旅行是深化教育改革、提升综合素养、落实立德树人根本任务的一项重要举措。研学旅行作为学校的教育活动以及综合实践活动课程中的一种学习形式，是对学生的生活能力、品格修养、心理品质、学科素养等的全面培育，在线路设计中要着重突出教育性原则。

教育性原则体现在三个方面。一是充分发挥显性教育资源的作用。如开发博物馆、红色教育基地、科研院所、国防教育基地、研学基地等教育属性突出的资源点，让其成为线路中不可缺少的内容。如京鹰国际教育科技（北京）有限公司在线路设计中提出“6 个 1＋N”的线路资源组合方式。“6 个 1”提倡在研学旅行中带领学生走进一个爱国主义教育基地开展主题活动，走进一个传统文化教育基地研读经典，走进一所学校开展深度的交流互访活动，走进一家企业感受独特的企业文化，走进一座博物馆深度解读历史内涵，走进一个科研院所感受科技魅力。这些显性的教育资源应成为研学旅行重要的课程资源。二是要充分挖掘隐性教育资源的教育内涵。一条优质的研学旅行线路一定包含某一地域优秀的历史文化以及独特的人文素养、社会风尚。“6 个 1＋N”中的“N”更多的是隐性教育因素，包含当地的自然风光、人文景观、民俗文化、历史遗迹等。线路设计者要充分挖掘地域文化背后的隐性教育内涵，充分找寻育人要素，进行有效开发，实现立德树人的教育目标。三是要连点成线，增强教育效果。资源点的选择在线路设计中至关重要。然而，要想将这些资源点串联成一条线路，同样需要设计者运用课程逻辑进行系统梳理。在线路组合时要注意以下几点。

(1)线路顺序要符合学生的认知规律。

(2)线路内容要凸显教育效果的逐级递进。

(3)线路设计要确保学习方式更加丰富多元。

(三)科学性原则

研学旅行线路设计的科学性关系到教育成果，需要学校或教育机构系统规划，科学选择，有序组合。

研学旅行线路的科学性原则体现在确保行走路线设计科学合理，学习资源选择开放多元，资源之间内在关联紧密。研学旅行是一种依托现有旅游资源开展的以研究性学习为核心的校外学习活动。与旅游产品相比，其具有人员固定、目标明确、内容系统、学习方法多样的特点。研学旅行受众都是中小学生，因此在行走线路设计上要考虑学生的身体、心理承受能力及认知水平。尤其是在旅途安排、内容选择上要考虑其是否可行，是否能够达到学习目标。对于一条线路，设计者要根据受教育者的年龄，依据学情在相关方面做出相应的调整。

总之，在设计研学旅行线路过程中，要秉持“教育是旅行的目的，旅行是学习的载体”这一观点，利用旅行中与学生相遇的事物实现立德树人的目标。在保障安全的原则下，线路主题要具有教育意义，线路资源点要凸显教育内涵，构成线路的资源组合要科学合理，有助于引导学生树立正确的价值观、人生观、世界观，在提升学生综合素养、提高学生实践能力方面发挥作用。

二、研学旅行线路类型与特点

各城市大小不同，资源分布各有特点。改革开放后，随着我国旅游业的发展，大量的旅游线路不断涌现，旅游业界也将线路进行了科学的分类。参考旅游线路的类型，结合研学旅行课程特点，可以将研学旅行线路分为以下几种。

（一）按照结构划分

按照结构划分，研学旅行线路可以分为节点状研学线路和环状研学线路。所谓节点就是以一个中心城市或固定居住场所为定点，围绕这个节点向周边辐射。例如徽州研学线路、西安研学线路。所谓环状研学线路一般指地域跨度较大、活动范围较广的研学线路。

（二）按照课程内容划分

按照课程内容划分，研学旅行线路可以分为综合性研学线路和专题性研学线路。综合性研学线路是指含有较多种类文化或活动内容丰富多样的研学线路。专题性研学线路包含以不同教育主题为核心，以德育、科技、艺术、体育、劳动、军事、传统文化等的某一方面为主要内容的研学线路。现阶段，研学旅行以综合性研学线路为主，但也有专题性研学线路。

（三）按照实施方式划分

按照实施方式划分，研学旅行线路可以分为统一实施线路和个性实施线路。这里所说的统一实施线路是指团队所有人员都要参与的研学旅行活动，由团队统一进行课程实施。个性实施线路是指在整体实施的基础上，依据个性化学习需求设计的小团队研学旅行线路。一般情况下，统一实施线路与个性实施线路是相辅相成的，也是相对而言的。这种“统一+个性”的设计方式，使研学旅行线路更加多元与丰富，有利于满足个性化需求，更有利于学生开展深度的自主探究合作学习。

三、研学旅行线路设计方法

研学旅行大多是依托旅游资源而开展的实践性学习考察活动。在线路设计与确定过程中,需要学校与教育服务机构及资源提供方多方合作、深度探讨,不断对资源进行优化与整合,最终确定研学旅行线路。研学旅行线路设计要紧紧围绕课程主题展开,尽可能选择不同类型的课程资源,如研学基地、博物馆、旅游景点、科研单位等进行有序的排列与组合。所选课程资源应与课程主题具有一致性及关联性,不能偏离主题。一条优质的研学旅行线路可以体现设计者的课程理念,凸显设计者对课程资源的深刻解读与全面释义;一条优质的研学旅行线路体现着设计者对研学旅行课程逻辑的深刻理解,是设计者遵循学生认知规律及客观现实条件,科学合理地整合而成的。

如何设计出符合学校需求、主题突出、内容丰富、遵循学生认知规律、科学合理的研学旅行线路至关重要。研学旅行线路开发既可以采用在成熟旅游线路的基础上进行二次开发的方式,也可以依据学校的需求进行原创开发,并依据学生特点进行个性设计,将课程资源优化整合。但无论采用什么方式,都要经历图 5－1 所示过程。

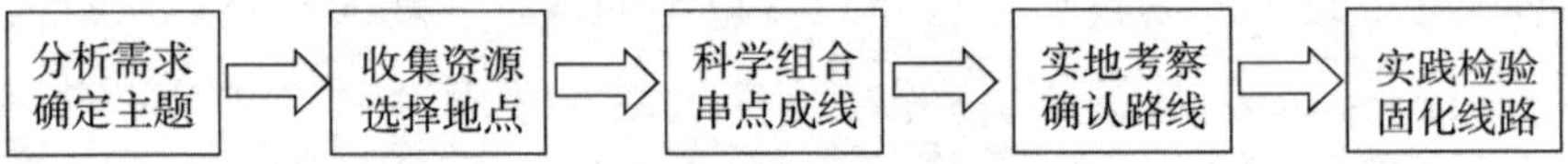

图 5－1　确定研学旅行线路的过程

(一)客观分析需求,确定线路主题

研学旅行线路主题化设计是指为某一条线路赋予指向性明确的主题,围绕深厚的文化内涵和明确的教育目标进行的设计。确立研学旅行线路主题需要对目标人群、出行方式和资源需求等关键因素进行科学调研与合理化分析。一般情况下,采用面对面访谈或问卷调研等方式获取需求信息。

研学旅行是学校组织的集体出行,目前多采用学校向第三方教育服务机构或旅行社购买服务,学生家长委员会监管的方式运作。一般情况下，由第三方教育服务机构提供线路及主题，学校及家长共同选择、完善及确定。也有些情况是学校确定线路及主题，由第三方服务机构按照学校的需求策划实施。不管采用哪种方式，都需要准确把握学习者的真实需求。

教育服务机构要设计出适合学校教育需求的研学线路，需做好以下几点。

一是与学校进行深度沟通，准确把握学校的教育理念、办学目标以及特色课程，调研教育教学等多方面的需求，准确把握线路主题方向。

二是与参与活动的年级组进行沟通，了解各学科教师对线路及课程资源的需求，了解年级的主题特色活动。

三是广泛征求学生家长的意见，分析学生的年龄特点、能力状况、认知水平等客观因素。

四是对获取的信息进行科学有效的分析，找到共同需求。

五是借鉴以往经验，顺应教育发展趋势，凸显社会教育价值，确立研学线路主题。

（二）以生为本分析学情，科学选择课程资源

综合实践活动视域下的研学旅行，特别强调“活动—体验—探究—创新”的实践性学习，强调以学习者为中心选择课程内容和学习方式，对资源课程化有明确的要求。研学旅行线路设计离不开对学习者进行科学的分析。

1. 依据学生身体素质选择线路地点

身体素质一般是指人体在活动中表现出来的力量、速度、耐力、灵敏、柔韧等机能。在研学线路设计中，要考虑不同成长阶段学生身体素质的特点选择适合学生身体条件的研学地点。例如，某小学是海洋意识教育基地校，该校选择青岛市作为研学地点，课程地点设计中有青岛名山——崂山。崂山分为北坡和南坡，南坡悬崖傍海，地势险峻，海洋地质地貌特点明显，徒步行走时间长；北坡穿越峡谷，景色优美，地势平缓，海洋地质地貌特点也很明显。依据小学生的身体素质，选择北坡进行考察更能保

障活动的安全和研学课程的有效实施，而初、高中学生的身体素质较小学生明显提高，则可以考虑选择南坡作为研学地点。

2. 依据学生认知水平选择线路内容

认知水平是指个体认识、判断、评价外界事物的能力，认知水平的高低与实践经验、知识水平、思维能力、信息储量等因素有关，是影响人们思想形成的主观因素之一。研学线路设计要考虑学生的认知水平。如黄山市的润一生态园是世界技能大赛园艺项目中国集训基地，是学生学习徽派建筑，体验徽派园林的重要课程资源。学生在这里可以学习徽派建筑的特色与结构，真实体验中国园林的布局与搭建。由于该体验项目是标准化园林施工，对学生的认知和技能有一定的要求，因此更适合初中及以上学生学习探究。小学生则可以选择到唐模古村观察徽派建筑，体验晒秋活动。把握不同年龄学生的认知水平，选择合适的研学地点，才能让不同认知水平的学生在研学过程中有所研、有所思、有所悟、有所得。

3. 依据学生关键能力选择线路地点

学生关键能力主要包括认知能力、合作能力、创新能力和职业能力，是学生适应当今社会和未来发展的重要基础，也是研学旅行线路设计的价值指向。研学地点的选择应满足学生关键能力不同维度的培养。例如，开展广东省湛江市海洋意识教育研学，研学资源的选择要做到多方面、多层次，充分考虑利于学生关键能力的培养和提升的因素。在进行线路设计时，要考虑海洋生态、经济、国防、科技等不同角度，包含走入特呈岛考察海洋生态、走入广东海洋大学解读海洋经济、登上南海舰船见证海洋国防、参观海上丝绸之路博物馆品阅海洋文化、乘船夜赏港珠澳大桥领悟海洋科技、探秘智能机器人基地等。合理选择研学地点，可让学生关键能力培养这一目标成为研学旅行线路设计的着力点。

4. 依据学生的兴趣爱好选择线路地点

研学旅行虽然是大型集体活动，也应关注学生的兴趣爱好及个性化学习需求，尽可能为学生提供个性发展的空间。在选择研学课程资源时，应适度为学生的个性发展和兴趣爱好培养创设条件。在设计研学课程时，可将行程中的某一两天设计为学生可自主选择的内容，满足学生的个性化需求。针对某一主题课程，也可提供多个课程资源，供学生选择。

（三）正确分析客观因素，设计研学线路

学习资源地点的串联绝不是简单的排列组合，需要设计者依据课程设计和实施的基本要求，综合生活保障要素、客观条件要素、课程资源要素、资源间内在联系要素等，将考察的资源点有机组合起来，形成一条集安全性、教育性、科学性为一体的研学线路。

1. 生活和安全保障因素对研学线路的影响

教育主管部门、学校、家长都非常关注学生在研学旅行过程中的生活保障和安全保障，所以研学旅行线路设计者要综合考虑学生的生活与安全保障因素。在线路设计中，要着重考虑学生的吃、穿、住、行及医疗保障。一般情况下，以教育资源为重，寻找配套的生活保障资源（如酒店、餐厅、医院等）来设计研学线路，这种方式多用于生活保障设施比较完善的大、中城市。但是，生活保障不足的小城市和乡镇，条件可能远远达不到研学旅行团体的接待要求，就需要依据客观条件灵活调整，重点依托能达到生活保障要求的资源地点来选择课程资源。

2. 客观条件因素对线路设计的影响

研学旅行线路设计需要进一步考虑课程实施所需的客观条件，如气候、天气、潮汐、预约时间、场地限制等，这些因素直接影响设计线路的可行性。例如，室外活动要考虑天气情况；室内活动要考虑场地容量；要考虑每个资源点之间的距离远近；登山活动要考虑路况和学生的身体状况；在设计海洋研学旅行线路时，潮间带生物多样性考察必不可少，这就要求研学旅行线路设计者在规划线路的过程中充分了解当地的潮汐时刻表，把握好学生到达海滩的路线和时间，确保在海水退潮时，学生在海滩上对潮间带生物进行考察。在线路设计过程中，要充分考虑客观条件要素，为课程的高质量实施打下基础。

3. 课程资源要素对线路设计的影响

课程资源是研学旅行线路形成的关键要素。在研学旅行线路设计

中，要尽可能使线路中的课程资源更为丰富，为突出主题、达成学习目标服务。

每一次研学旅行都花费了学校、家长、学生和教育机构大量的时间、人力、物力和财力，所以在研学旅行的线路设计过程中，应尽量避免出现交通耗时长、教育内容单一的资源地点。选择资源点时要尽可能使研学旅行中的时间和资源充分为课程目标服务。

（四）研学旅行线路的组合方式

研学旅行线路设计中，要考虑资源间的内在联系。从这个角度出发，线路组合可以有以下几种模式。

1. 从整体到局部的选点模式

这一模式可以理解为：到某一城市，先参观这个城市的博物馆，形成对该城市历史文化乃至科技发展的整体认识，然后考察城市的一些具有代表性的、凸显教育价值的、适合学生考察的资源地点，使学生按照由整体到局部的顺序深入研究这个城市的文化历史等。

2. 从局部到整体的选点模式

这一模式与上述模式选点正好相反，先选择具有地方文化历史、民族特色的局部资源地点，在注意资源间内在联系的基础上将资源地点串点成线。

学生在深刻认识局部地点的基础上，理解其文化的内在联系，最后参观地区博物馆，形成对该地区文化历史及社会发展的整体认识。

3. 从局部到整体再到局部的选点模式

这一选点模式也是根据学生认知与情感发展特点，先让学生在局部资源点形成基本感性认识，然后去博物馆或类似资源点学习考察，进行文化及情感的整体认识与提升，再到局部资源点实现进一步的内化与提升。

（五）实地考察，优化与固化线路

实践是检验真理的唯一标准。研学线路是否科学可行更要经过实践进行检验。因此，实地考察线路是每一次研学旅行前不可缺少的一项工作。在考察线路时，人员一般由学校副校级干部、研学服务机构以及地接机构三方组成。线路考察需要三方分工协作。

1. 规范考察内容，全面做好考察准备

在考察前，需要参与人员召开协调会，确定考察内容及安排。考察内容包括研学资源点的考察，餐厅、酒店及交通车辆等资质及状况的考察，地接旅行社的资质及导师能力水平的考察，各种安全隐患的排查等。在考察前，考察人员要初步了解各个资源点，熟知活动内容及课程实施方式，对线路中可能出现的问题进行前期的预测和分析，确保实地考察为活动实施起到保驾护航的作用。

2. 设计考察线路，扎实开展系列考察

实地考察可以说是研学旅行活动的前期模拟阶段。一般情况下，考察线路与实际实施线路行程相同。考察线路设计可以说是活动设计、组织与实施各方共同确定活动内容及行程安排的过程。实地考察人员要依据具体安排对研学旅行过程中涉及的所有环节进行逐一考察。

(1)考察课程资源的实际情况。依据资源特点确定课程实施方式，对活动的场地、内容、时间、师资、教育教学方式等进行考察确认。针对大型团队，还要考察停车地点、集合地点、下车后到达资源点的行走路线、场地轮换等问题。在考察课程资源地点时，特别要加强对现场资源的规划与分析，可围绕以下问题思考：现场可为学生提供哪些知识？可以培养哪些能力？适合哪种研究方法？可以设计哪些体验活动？学生在现场学习研究时会受到哪些因素的影响？现场存在哪些安全隐患？

(2)考察生活保障条件，包括对住宿酒店、餐厅及会议室、医院等相关生活保障点的考察。对于学生研学住宿，目前还没有明确清晰的规定。有选择四星级或三星级酒店的，也有选择营地的，还有一些学校选择大学或私立学校的学生宿舍。笔者认为，出于安全考虑，研学旅行的住宿应该选择允许经营、具备接待团队资质及条件的酒店或营地。在线路考察中，首先要考虑住宿地点周边环境及生活保障设施设备是否完善。特别要对住宿地点周边的医院、交通等进行排查，确保如果发生紧急事件能及时有效解决。其次要对酒店的大堂、安全通道、房型、房间设施等逐一考察。考察人员除了要体验学生入住的酒店，在学生就餐的餐厅用餐，掌握第一手信息外，还要对隐患进行逐一排查。如尽量避免入住环形的、中间有天井的酒店，注意窗户打开方式、卫生间是否干湿分离、卫生间是否有浴缸及浴缸高度、拖鞋是否防滑等细节。此外，还要关注酒店的服务水平、人员素养等软实力，为学生传递正能量，营造良好的社会风尚，对学生进行潜移默化的影响。

(3)对线路组合情况进行考察。要考察线路中设计的时间节点是否合理，资源点的安排顺序是否符合课程逻辑，往返线路是否科学等。通过实地考察，确定线路的组合是否科学可行并符合学生的认知规律。将线路中的每个要素进行全面归纳整理，开展系统分析，最终确定线路。

做好考察记录是规范考察工作的基础。考察人员在实地考察过程中要认真做好考察记录，将线路中的详细情况进行说明。表5－1是研学线路考察记录表样例。

表5－1　研学线路考察记录表

考察时间		负责人	
城市		地点	
服务单位			
学校人员			
课程资源考察			
线路安排			
酒店生活保障考察			
餐饮生活保障考察			
交通保障考察			
事宜确认			
安全评估			

3. 发现突出问题，做好多种备选方案

在进行线路考察时，往往会出现一些问题。这就需要考察人员依据现场情况，对预先设计的线路进行及时调整，并对调整后的线路及方案进行可行性分析，并做好线路备案。

4. 完成分析报告，做出可行性分析

实地线路考察是确定研学线路的重要环节，是活动组织方与实施方面对面沟通的机会，也是研学旅行有效实施的保障。因此，各方要通力合作，全面调研，确保线路的可行性、课程的有效性、生活保障的全面性、活动的安全性。考察结束后，参与各方要统一思想、汇集意见，对线路进行可行性分析，写出考察分析报告，提交给学校及相关部门，为线路的优化、调整及确定提供真实的一手材料。

综上所述，研学旅行线路设计是研学旅行课程设计的重要组成部分。研学旅行线路设计要突出教育特点，满足学生研学需求，根据研学旅行线路设计的原则进行设计，不能简单照搬旅游线路。

第六章 体育研学旅行资源调查与评价

第一节 研学旅行资源调查

研学旅行资源调查是进行研学旅行资源评价、开发、规划及合理利用保护的最基本的工作，是一项运用科学的方法和手段，有目的地、系统地收集、记录、整理、分析和总结评价研学旅行资源及其相关因素的信息与资料，以确定研学旅行资源的赋存状况并为经营管理者提供客观决策依据的活动。研学旅行资源调查的内容并不局限于研学旅行资源本身的信息，还包括对研学旅行资源所处的环境状况进行调查。

一、研学旅行资源调查概述

（一）研学旅行资源调查目的

研学旅行资源调查的目的是系统地查明调查区域内相关的自然、社会、经济环境条件以及可供研学旅行利用的资源状况，以全面系统地掌握研学旅行资源的类型、数量、质量、分布、组合状况和价值等，为研学旅行资源的评价和规划做准备，为合理开发研学旅行资源打下基础，为研学旅行发展提供决策依据。

（二）研学旅行资源调查内容

研学旅行资源调查的内容并不局限于研学旅行资源本身的信息，还包括研学旅行资源所处区域的状况。

1. 研学旅行资源所处区域的背景条件调查

(1)自然环境条件调查

①调查区域的概况调查。包括对调查区域的名称、地域范围等情况的调查。

②气候条件调查。包括对调查区域的气候类型、气温(年均温、极高温、极低温)、盛行风,年均降水量及降水量的时空分布、光照强度,温度及其变化、大气成分等情况的调查。

③地质地貌条件调查。包括对调查区域的地质构造、地形、地貌及岩石的分布和分异情况的调查。

④水体环境条件调查。包括对调查区域的主要水体类型,各类水体的水质、水量的变化情况以及利用情况的调查。

⑤生物环境条件调查。包括对调查区域的动物和植物群落的数量、特征与分布情况,以及具有观赏价值的动物和植物群落的数量及分布等情况的调查。

(2)人文环境条件调查

①社会环境条件调查。社会环境条件调查的内容包括调查区域的行政归属与区划、人口与民族、文教娱乐、医疗卫生、社会治安等;调查区域的历史沿革情况;调查区域的环境保护状况;工矿企业、生活服务等人为因素造成的大气、水体、噪声等方面的污染状况及其治理程度;空气、水、土壤、岩石等自然要素中的重要物质及元素的本底值,以及由此引起的地方性传染病等影响旅游资源利用的情况。

②经济条件调查。经济条件调查的内容包括调查区域的人均收入、消费水平、特色物产、支柱行业、邮电通信、供水供电、食宿等;交通条件,包括交通现状与建设前景。旅游资源开发的限制因素之一是交通。

2. 研学旅行资源所处区域的旅游条件调查

(1)旅游基础条件调查

①交通条件调查。交通条件调查的内容包括调查区域的公路、铁路、水路、航空交通状况,旅游汽车、出租车、景点缆车、高架索道、观光游船等设施的建设情况,车站、码头、港口的数量和质量,交通工具所在区域与景

区的距离，旅游线路的行程时间、路面质量、运输能力等。

②住宿条件调查。住宿条件调查的内容包括调查区域的饭店、汽车旅馆、供膳寄宿处、别墅、农舍式小屋、度假村、野营帐篷、游船旅馆等多种住宿设施的规模、数量、档次、功能、分布情况、接待能力、床位数、房间数、客房出租率、营业收入、固定资产、利润总额等。

③餐饮条件调查。餐饮条件调查的内容包括调查区域的餐馆的规模、数量、档次、分布情况、名特小吃、特色菜品、卫生状况和服务质量等。

④其他服务设施条件调查。其他服务设施条件调查的内容包括调查区域的零售商店、购物中心、购物广场、旅游商品专卖店与专柜、高尔夫球场、剧院、影视厅、音乐厅、娱乐中心、艺术中心、理发美容厅、咨询中心、会议中心、邮电通信、医疗服务、保险业务等的数量、分布情况、服务效率、服务人员素质、服务频率等。

(2)研学旅行客源市场调查

①研学旅行者数量调查。包括调查研学旅行者的数量、国籍、年龄、性别、职业、入境方式、分布地区与民族类别等。了解主要客源的来源、数量及其所带来的最大和最小日客流量、月客流量、季客流量和年客流量。了解研学旅行者的滞留时间、过夜人数、团队与散客的比例等。

②研学旅行收入调查。包括调查统计研学旅行者在研学旅行课程中的消费能力，在吃、住、行、游、购、娱等方面的消费构成，以及人均日消费额、最高与最低消费额的比例。调查日、月、季、年的研学旅行收入，海外研学旅行者创汇收入，国内研学旅行者研学旅行收入，以及研学旅行收入在当地经济中的比重、产生的社会贡献率等。

③研学旅行动机调查。研学旅行动机包括了解风土人情、开展自然科学教育、增强动手能力、加强亲子沟通、提升团队凝聚力的普通研学动机，以及满足求知欲望的文化动机，通过运动消除紧张与不安的健康动机，提升自尊与自我认同感的心理辅导目的等。

(三)研学旅行资源调查要求

(1)按照《旅游资源分类、调查与评价》(GB/T18972—2017)规定的内容和方法进行调查。

(2)保证成果质量,强调整个运作过程的科学性、客观性、准确性,并尽量做到内容简洁和量化。

(3)充分利用与研学旅行资源有关的各种资料和研究成果,完成统计、填表和编写调查文件等工作。调查方式以收集、分析、转化、利用这些资料和研究成果为主,并逐个对研学旅行资源单体进行现场调查核实,包括访问、实地观察、测试、记录、绘图、摄影,必要时进行采样和室内分析。

(4)研学旅行资源调查分为"研学旅行资源详查"和"研学旅行资源概查"两类,其调查方式和精度要求不同。

二、研学旅行资源调查方法

在研学旅行资源的调查中较常使用的方法主要包括以下几种类型。

(一)直接询问法

直接询问法是指向有关人员询问研学旅行资源的情况,以获取更多额外信息的方式。直接询问法主要针对较为了解研学旅行资源的当地居民或专家,通过询问获取一般途径难以得到的关于研学旅行资源的详细信息。询问时,可以口头询问并辅以一定的记录和录音手段,也可以向受访者派发调查表格。

(二)统计分析法

统计分析法是指使用统计学的方法来对研学旅行资源进行分类、分组等的分析和处理。资源调查与统计密不可分,在研学旅行资源调查过程中,往往需要对各类研学旅行资源的数量、规模、分布地点、聚集情况等进行数据统计,这些统计的数据为研学旅行资源的进一步分析和开发提供了依据。

(三)分类对比法

分类对比法是指将研学旅行资源分门别类地进行特征归纳,并对其进行对比考察和研究。调查区域的各类旅游资源的美感各异,将所调查的研学旅行资源按其形态特征、内在属性、美感、吸引力进行分类,并将同类型或不同类型的研学旅行资源进行比较,得出该区域内研学旅行资源的共性特征和个性特征。还可以建立研学旅行资源信息数据库，制定开发规划等。

为便于分类对比，可将调查到的研学旅行资源描绘至图件上，形成研学旅行资源分布图、利用现状图等，区分哪些区域具有开发的可能、哪些区域不具备开发条件、哪些区域应列为开发重点、哪些区域为一般开发对象，也可结合研学旅行资源相关图件与工业区、农业区、矿区、城区等方面的图件，进行综合比较和评价。还可按一定分类标准将各种研学旅行资源的分布情况、特质等要素列成表格，既一目了然，又利于比较。

（四）科学技术探查法

在研学旅行资源调查中，应充分利用现代化科学技术手段。不过，这需要有专门的技术知识和必要的技术设备，才能够对其所提供的信息进行判读、解释和选择。如果缺乏这种条件，可以同有关专业人员进行合作。

航空和航天遥感技术发展很快，卫星设备等有视野广阔、立体感强、地面分辨率高等优点，遥感技术具有信息量大、覆盖范围广、方位准确性高、所需时间短等优点，因而被应用于旅游资源调查。研学旅行资源等的考察受到诸多环境因素的限制，也会遇到操作上的困难。对于一些分布比较零散、数量众多、范围宽广的研学旅行资源，由于人力是有限的，因而可以使用无人机、遥感测绘等工具，借助 AR、VR 等技术，有效提升调查的效率。

三、研学旅行资源调查步骤

无论使用哪一种调查方法，或综合使用多种调查方法，最终都需要进行野外实地调查。唯有经过现场勘查，才能核实、补充各种资料，才能提出有关研学旅行资源开发的决定性意见。

研学旅行资源的野外实地调查可分为详查和概查。前者是为了全面了解和掌握整个区域内的研学旅行资源状况，包括其种类、数量、质量、分布情况、保存现状等；后者是为了解和掌握特定区域或专门类型的研学旅行资源而进行的调查。

(一)研学旅行资源详查

研学旅行资源详查需要完成全部研学旅行资源的调查程序,包括调查准备和野外实地调查,要求对全部研学旅行资源单体进行调查,并提交完整的研学旅行资源单体调查表。

1. 调查准备

(1)成立调查组

接受调查任务后,应根据研学旅行资源调查区域的情况成立调查组。调查组成员须具备与该调查区域环境、研学旅行资源、研学旅行产品开发有关的专业知识,一般应吸收旅游、环境保护、地球科学、生物学、建筑园林、历史文化、旅游管理、教育学等方面的专业人员。还应对调查组成员进行技术培训,同时准备多份研学旅行资源单体调查表和野外实地调查所需的设备(如定位仪器、简易测量仪器、影像设备等)。

(2)收集各种相关资料

资料的收集范围包括:与研学旅行资源单体及其赋存环境有关的各类文字描述资料,如地方志,乡土教材,旅游景区与旅游景点的介绍、规划与专题报告等;与研学旅行资源调查区域有关的各类图形资料,重点是反映研学旅行环境与研学旅行资源的专题地图;与研学旅行资源调查区域和研学旅行资源单体有关的各种影像资料。对这些文献、地图以及影像资料等的系统整理,可以为下一步野外实地调查提供参考。由于这些资料来自各有关部门和行业组织,且都是由有关专业人员加工整理的,因而可弥补旅游资源调查人员缺乏相关专业知识的不足,从而保证了专业知识的准确性。

2. 野外实地调查

(1)确定调查区域内的调查小区和调查线路

为便于运作和满足此后研学旅行资源评价、研学旅行资源统计、区域研学旅行资源开发的需要,可以将整个调查区域分为若干调查小区。调查小区一般按行政区划分(若为省一级的调查区域,可将地区一级的行政区划分为调查小区;若为地区一级的调查区域,可将县级一级的行政区划分为调查小区;若为县级一级的调查区域,可将乡镇一级的行政区划分为调查小区），也可按现有或规划中的旅游区域划分。

调查线路按实际要求设置，一般要求贯穿调查区域内所有调查小区和主要研学旅行资源单体所在的地点。

（2）选定调查对象

选定下述研学旅行资源单体进行重点调查：具有研学旅行开发前景，具有明显经济、社会、文化价值的研学旅行资源单体；集合型研学旅行资源单体中具有代表性的部分；代表调查区域形象的研学旅行资源单体。

对下列研学旅行资源单体暂时不进行调查。

①明显品位较低，不具有开发利用价值的研学旅行资源单体。

②与国家现行法律法规相违背的研学旅行资源单体。

③开发后有损社会形象的或可能造成环境问题的研学旅行资源单体。

④影响国计民生的研学旅行资源单体。

⑤某些位于特定区域内的研学旅行资源单体。

（3）填写研学旅行资源单体调查表

对每一个调查对象分别填写一份研学旅行资源单体调查表（见表6—1）。

表6—1　研学旅行资源单体调查表

<table>
<tr><td>代号</td><td colspan="3"></td><td colspan="2">其他代号</td><td colspan="2"></td></tr>
<tr><td>行政位置</td><td colspan="7"></td></tr>
<tr><td>地理位置</td><td colspan="7">东经：　　　　　北纬：</td></tr>
<tr><td>性质与特征</td><td colspan="7">（单体性质、形态、结构、组成成分的外在表现和内在因素，以及单体生成过程、演化历史、认知影响等主要环境因素）</td></tr>
<tr><td>区域及进出条件</td><td colspan="7">（单体所在区域的具体位置、进出交通情况、与周边主要集散地和主要资源点之间的关系）</td></tr>
<tr><td>保护与开发现状</td><td colspan="7">（单体保存现状、保护措施、开发情况）</td></tr>
<tr><td>研学旅行活动开展现状</td><td colspan="7">（单体开展研学旅行活动的程度、提供研学旅行课程的类型、研学旅行产品的开发情况）</td></tr>
<tr><td>本单体得分</td><td></td><td>本单体可能的等级</td><td>级</td><td>填表人</td><td></td><td>调查日期</td><td>年 月 日</td></tr>
</table>

（二）研学旅行资源概查

研学旅行资源概查是在调查特定区域或专门类型的研学旅行资源时对涉及的研学旅行资源单体进行的调查。其调查技术要点可参照“研学旅行资源详查”中的各项技术要求。与研学旅行资源详查相比，概查的工作程序相对简单，如不需要成立调查组，调查人员由其参与的项目组织协调委派；资料收集限定为达到专门目的所需要的范围；可以不填写或择要填写研学旅行资源单体调查表等。

第二节　研学旅行资源评价

研学旅行资源的评价是在研学旅行资源调查的基础上，从合理开发利用和保护研学旅行资源及取得最大的社会、经济、环境效益的角度出发，选择某些因子，运用科学方法对一定区域内研学旅行资源的规模、质量、等级、开发前景及开发条件进行科学分析和评价，为研学旅行资源的开发规划和管理决策提供依据。

一、研学旅行资源评价目的和原则

（一）研学旅行资源评价目的

对研学旅行资源进行评价是指按照一定的标准，确定某一研学旅行资源在全部研学旅行资源或同类研学旅行资源中的地位，通过整体的纵向对比和同类的横向对比来明确该研学旅行资源的重要程度和开发利用价值。研学旅行资源评价的目的包括以下几个方面。

1. 明确研学旅行资源质量、等级、丰度、组合度

通过对研学旅行资源的种类、组合、结构、功能和性质的评价，确定研学旅行资源的质量水平，评估其在研学旅行目的地开发建设中的地位，为新的研学旅行产品开发提供科学依据。

2. 确定研学旅行产品开发类型

通过对研学旅行资源的规模水平进行鉴定，确定研学旅行目的地的研学旅行产品类型，为国家和地区分级规划和管理提供系列资料和判断标准，有助于拟订未来研学旅行目的地的研学旅行资源层次结构（主次关系）和新的研学旅行资源的开发规划。

3. 确定开发顺序和规模

通过区域研学旅行资源及其开发利用条件的综合评价，为合理利用研学旅行资源、开发品牌研学旅行资源奠定基础。

（二）研学旅行资源评价原则

1. 客观、实际的原则

研学旅行资源的特点、价值和功能具有客观性，对研学旅行资源进行评价时应尊重客观实际，对其价值和开发前景的评价既不夸大，也不低估，应做到实事求是、恰如其分。这就要求在开展研学旅行资源评价工作时，既要具有专业性，也要遵循公平公正公开的原则；既要如实评价，也要充分接受监督，保证结果的真实与可靠。

2. 全面、系统的原则

研学旅行资源的价值和功能评价会受到旅行者审美观念和社会价值观的影响，因此体现出多样化的特点。比如，研学旅行资源除了具有给游客提供观赏体验的功能，通常还具有历史文化、艺术鉴赏、科学考察等方面的社会功能，尤其是研学本身就带有教育、培训等功能。因此，研学旅行资源评价应全面、系统、综合。

3. 符合科学的原则

在针对研学旅行资源的形成、本质、属性、价值等核心问题进行评价时，应采取科学的态度予以正确的解释，并且要针对研学旅行课程设计的主题进行专题的科学性评价，评价内容包括研学旅行资源本身所具备的科学教育资源的科学性，以及在建设时增加的科学性内容是否能够满足研学需求等。不能全部冠以神话传说，更不能盲从或宣传迷信。应适当辅以神话传说以提高研学旅行资源的趣味性，适应大众化旅行偏好。

4. 效益估算的原则

研学旅行资源评价最终是为了开发利用，而开发的首要目的是取得经济、社会和生态综合效益，因此，评价时要对研学旅行资源开发的前景予以适当的评估。

5. 高度概括的原则

通过上述介绍可以看出，研学旅行资源评价过程涉及的内容较多，因此，研学旅行资源的评价结论应在深入探讨的基础上进行精炼，并概括出其价值、特色和功能，以方便决策者在需要时参考。

6. 力求定量的原则

在评价调查区域研学旅行资源时应尽量避免带有强烈主观色彩的定性评价，力求定量或半定量评价。国内的不少学者通过分析研究指出，尽管目前国内的研学旅行资源评价开始逐步进入量化分析时代，但是部分量化过程仍然偏主观，特别是以调查人员的主观评价为主，旅游专业人士未能有效参与。同时，学者们还提出，在不同类型的调查区域开展研学旅行资源评价工作时，应尽量采用统一的标准，以保证研学旅行资源的评价结果具有可比性。

二、研学旅行资源评价内容和方法

（一）研学旅行资源评价内容

研学旅行资源评价的主要内容包括三个部分，即对研学旅行资源特色和结构的评价、对研学旅行资源所处环境的评价以及对研学旅行资源开发条件的评价。

1. 对研学旅行资源特色和结构的评价

（1）研学旅行资源特性和特色

研学旅行资源的特性和特色是衡量其对旅行者的吸引力大小的重要因素，它对研学旅行资源的利用功能、开发方向、开发程度及其经济和社会效益起着决定作用。通常个性化程度越高的研学旅行资源的开发前景相对越好，那些“新、奇、特、绝”的研学旅行资源往往能够成为区域旅游发展的重要支柱。

（2）研学旅行资源价值和功能

研学旅行资源的价值包括研学旅行资源的艺术欣赏价值、文化价值、科学价值、经济价值和美学价值，它是研学旅行资源质量水平的反映。而研学旅行资源的功能则是与价值相对应的，指经过开发后能够满足旅行者某方面需求的能力。一般而言，艺术和美学价值高的研学旅行资源，其观光的功能较为突出；文学和科学价值高的研学旅行资源，其科学考察和文化体验的功能占据主要位置。此外，研学旅行资源经过开发后还可具备娱乐、休憩、健身、疗养和商务等多重功能。研学旅行资源的价值和功能对于其开发方面具有重要的影响。

(3)研学旅行资源数量、密度和组合布局

研学旅行资源不是孤立存在的。在区域研学旅行资源评价中，既要判断研学旅行资源的类型组合，即区域内各研学旅行资源单体的关联性和功能互补性，又要分析其地域组合，还要了解其级别配置，即各层次研学旅行资源的配置及其关系的密切程度。具体而言，评价的内容包括研学旅行资源的数量、密度和组合布局等。研学旅行资源的数量是指区域内研学旅行资源单体的数量；密度则是指单位面积内研学旅行资源的数量，它可以表示区域内研学旅行资源的聚集程度；组合布局则是指研学旅行资源的空间分布和结构组合特征。一般情况下，景观数量大、相对集中并且布局合理的区域研学旅行资源赋存状况较为理想。因此，研学旅行资源的数量、密度和组合布局是判断区域研学旅行资源开发的规模和可行性的重要因素。

2. 对研学旅行资源所处环境的评价

(1)研学旅行资源的自然环境

研学旅行资源所处的自然环境是指区域内的地质、地貌、气象、水文、生物等环境要素。作为研学旅行资源开发地，其环境应以能让旅行者从视觉、听觉、嗅觉、触觉以及味觉等全方位感受舒适为宜。自然环境较为恶劣的区域在开发研学旅行时往往会遇到一定的阻碍。

(2)研学旅行资源的社会环境

研学旅行资源所处的社会环境是指研学旅行资源所在区域的政治局势、社会治安、医疗保健和当地居民对旅行者的态度等内容。良好的外部社会环境能够促进研学旅行的快速发展，而当政治局势不稳定或爆发战争时，当地的研学旅行资源开发及旅游业发展会受到影响。

(3)研学旅行资源的经济环境

研学旅行资源所处的经济环境是指研学旅行资源所在区域在经济发展上的发达程度。通常经济越发达的区域在研学旅行资源开发上的投资实力越强，且当地居民对旅游产品的消费需求也相应较高，这为当地发展旅游业提供了良好的保障。同时，经济发达的区域在人力资源的供给上也具有较大的优势，对研学旅行资源的开发具有较大的推动作用。

(4)研学旅行资源的环境容量和承载力

研学旅行资源的环境容量是指研学旅行资源自身或所处区域在一定时间条件下对研学旅行活动的容纳能力，包括容人量和容时量两个方面。所谓容人量是指单位面积所能容纳旅行者的数量。容时量则指旅行者在该区域内游览时所需要的基本时间。研学旅行资源越复杂、越丰富，则容时量就越大；相反，那些研学旅行资源类型单一、数量较少的区域，其容时量就较小。研学旅行资源所处环境的容量和承载力对于研学旅行资源的开发规模具有决定性的作用。为了保证研学旅行资源的有序开发和可持续利用，规划者往往选择环境容量众指标中数值最小的指标作为开发规模的限值。

3. 对研学旅行资源开发条件的评价

(1)区位条件

研学旅行资源的区位条件是指影响研学旅行资源开发可行性、开发规模和效益度的重要外部条件，包括研学旅行资源所在地的地理位置、交通条件以及与周围旅游区之间的关系等。区位条件将直接决定该研学旅行资源是否能够承担研学旅行的功能与作用，同样也将影响日后对该研学旅行资源的经营管理以及该研学旅行资源的市场接受程度。

(2)客源条件

客源数量直接关系到研学旅行资源开发的经济效益，而客源数量通常又与研学旅行开发地的腹地大小、腹地经济发展程度关系较大。例如，华侨城系列主题公园和迪士尼乐园在选址上，会将腹地规模和经济实力作为重要的考虑依据。深圳和香港所拥有的腹地——泛珠三角区域人口密集且经济实力十分雄厚，因此，在研学旅行客源方面能够提供保障。

(3)投资条件

与投资条件相关的要素主要包括研学旅行资源所在区域投资渠道的畅通程度和政府为研学旅行投资制定的政策。投资渠道畅通、研学旅行投资主体较多、政府对于研学旅行投资制定了优惠政策的区域，其投资条件相对较为优越。这类区域在研学旅行资源开发的资金筹集方面往往能够获得有效的保证。

(4)建设施工条件

研学旅行资源的开发涉及系列工程项目的建设，如各种游览设施、娱乐设施和道路交通、供电供水、停车场地等基础设施的建设，因此，对于区域内的地质、地形、土质、供水等有较高的要求。上述建设施工条件的好坏与研学旅行资源的开发可行性间有紧密的关联，需要在研学旅行资源评价时加以关注。

(二)研学旅行资源评价方法

研学旅行资源的评价方法可大体上分为定性评价和定量评价两种。定性评价又称经验法，主要依据评价者观察后的印象得出结论。定量评价则是利用研学旅行资源的评价指标体系对研学旅行资源进行评分。由于定量化的评价方法能够降低研学旅行资源评价中的主观因素影响，因此，在目前的研学旅行规划与开发中使用较为普遍。此外，随着越来越多不同专业背景的学者涉足研学旅行领域，研学旅行资源的评价方法也在不断发展、创新，特别是量化分析方法的发展，为研学旅行资源评价提供了更多具有可靠性和科学性的工具。

1. 定性评价方法

定性评价是指通过人们的感性认识，对研学旅行资源做出定性的评价或分级，一般无具体数量指标。常见的定性评价方法如下：

(1)黄辉实在《旅游资源评价》中提出的“六字七标准”评价法。该方法从旅游资源本身和其所处环境两方面对旅游资源进行评价，对旅游资源本身的评价采用“六字”标准：美、古、名、特、奇、用；对旅游资源所处环境的评价采用“七项”标准：季节性、环境污染状况、与其他旅游资源之间的联系性、可进入性、基础结构、社会经济环境和客源市场。

(2)卢云亭在《自然旅游评价》中提出的“三三六”评价法，包含“三大价值”“三大效益”“六大开发条件”评价系统。具体来说，“三大价值”指旅游资源的历史文化价值、艺术观赏价值和科学考察价值；“三大效益”指旅游资源开发后的经济效益、环境效益和社会效益；“六大开发条件”指旅游资源所在地的地理位置、交通条件、景点地域组合条件、旅游环境容量、旅游客源市场、投资能力和施工难易程度六个方面。

(3)北京联合大学旅游学院科研处设计的“八六五”评价法，包含“吸引力”“开发条件”“效益”三方面评价内容。具体来说，吸引力评价(八项)包括观赏价值、文化价值、科学价值、旅游项目、旅游内容丰富程度、环境评价、季节差异、特殊价值和环境容量；开发条件评价(六项)包括地区经济条件、可进入性、依托城市、通信条件、地方积极性、已有服务设施情况；效益评价(五项)包括目前年均接待游客量、开发所需投资量、投资来源、客源预测、社会效益。

(4)一般体验性评价。评价者根据自己的亲身体验，对某一个或某一系列的旅游资源就其整体质量进行定性评估，常用方法是旅游者在问卷上回答有关旅游资源的优劣顺序等方面的问题，或由各方面专家通过讨论做出评价，或统计旅游资源在常见报刊或旅游书籍、旅行指南上出现的频率等。一般体验性评价的项目比较简单，只要求对旅游资源进行整体质量评价，或在问卷上按序号填上评价者认定的旅游目的地即可。这种方法适用于知名度较高的旅游目的地，如“中国旅游胜地四十佳”“十大名山”等。

2. 定量评价方法

定量评价方法因其可以进行横向比较，评价结果具有相对客观性和普遍适用性的特点，所以近年来越来越受到专家、学者的青睐。其中，较常用的是综合型定量建模评价方法。

综合型定量建模评价方法的主要思路是先借助科学的方法，构建一套适合自身需要的研学旅行资源综合性定量评价指标体系，包括研学旅行资源评价的系列指标，以及不同指标所对应的权重，然后使用构建好的综合性定量评价指标体系对研学旅行资源进行逐项评分，最后借助加权平均数的计算得到研学旅行资源的评价得分。对于综合型定量建模评价方法，重要的是构建一套能够获得业界认可的综合性定量评价指标体系。

不少学者对构建研学旅行资源综合性定量评价模型进行过研究，通过对现有文献进行分析可知，较为常见的用于构建综合性定量评价指标体系的方法包括：层次分析法和价值工程法。近年来也有学者将模糊评价法、灰色评价法以及人工神经网络评价法引入研学旅行资源综合评价之中。以下主要介绍依据层次分析法、国家标准《旅游资源分类、调查与评价》(GB/T18972—2017)中的旅游资源共有因子综合评价系统以及价值工程法构建研学旅行资源综合性定量评价模型的基本流程。

(1)依据层次分析法构建研学旅行资源综合性定量评价模型

层次分析法是一种定性和定量相结合的、系统化的、层次化的分析方法。层次分析法将复杂问题分解成若干层次，在比原问题简单很多的层次上逐步分析，将人的主观判断用数量形式表达出来。层次分析法首先是对所研究问题的各种影响因素进行归类和层次划分，确定出属于不同层次和不同组织水平的各因素之间的相互关系。在总目标(最高层)之下划分出准则层、约束层以及决策层等，不同层次间的因素便构成多目标决策树，然后对决策树中的总目标及子目标(如准则、约束等)分别建立反映影响因素之间关系的判断矩阵。

(2)参考国家标准设计研学旅行资源综合定量评价体系

参考国家标准《旅游资源分类、调查与评价》(GB/T18972—2017)中的旅游资源共有因子综合评价系统，设计研学旅行资源综合定量评价体系，通过三个评价项目的八个评价因子对研学旅行资源进行评分，最终根据得分的高低将研学旅行资源划分为五个等级，就其内容来看，也比较接近通过层次分析法构建研学旅行资源综合性定量评价模型的做法，即将权重依据资源要素价值、资源影响力，以及附加值进行分配。

①评价体系的设计。该评价体系共设“评价项目”和“评价因子”两个档次。评价项目包括“资源要素价值”“资源影响力”“附加值”三个方面。其中，“资源要素价值”评价项目包含“观赏游憩使用价值”“历史文化科学艺术价值”“珍稀奇特程度”“规模、丰度与概率”“完整性”五个评价因子。“资源影响力”评价项目包含“知名度和影响力”“适游期或使用范围”两个评价因子。“附加值”评价项目包含“环境保护与环境安全”一个评价因子。

②评价分值的分配。“资源要素价值”和“资源影响力”的总分值为100分。其中，“资源要素价值”为85分，“资源影响力”为15分。在“附加值”中，“环境保护与环境安全”分为正分和负分。

(3)依据价值工程法构建研学旅行资源综合性定量评价模型

价值工程法是指将价值工程原理运用到研学旅行资源评价之中的一种方法。价值工程法是20世纪40年代兴起的一种现代管理方法，该方法的核心在于分析系统的功能，侧重点在于研学旅行资源的功能属性。该方法的评价过程如下。

第一，对影响研学旅行资源功能的因素进行分解。如图6—1所示。

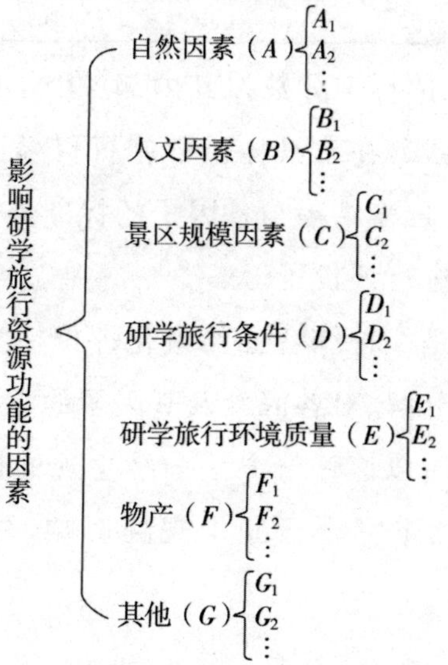

图6—1　影响研学旅行资源功能的因素

第二，对分解出来的各项因素进行评价计分，即对各项因素的因子在研学旅行资源功能中的重要性打分，由低到高记 0～5 分，再将各因子的得分进行汇总，得出每一项因素的分数，由此评价每一项因素在研学旅行资源功能中的重要性（见表 6－2）。

表 6－2　因素重要性评分表

因素	A	B	C	D	E	F	G
得分	19.4	10.9	6.8	4.4	3.2	1.7	0

取得分在 4 分以上的因素作为主要因素，其余的则作为次要因素，则从表 7－6 中可以看出，A、B、C、D 为主要因素，E、F、G 为次要因素。那么在对研学旅行资源进行评价时就应针对主要因素进行评价。

第三，根据公式计算主要因素的功能评价系数与标准分数（见表 6－3）。公式如下。

某项因素的功能评价系数＝某项因素的得分数/该类因素的得分数之和

某项因素的标准分数＝该项因素的功能评价系数×100

表 6－3　主要因素的功能评价系数和标准分数表

因素	A	B	C	D
评价系数	0.467	0.263	0.164	0.106
标准分数	46.7	26.3	16.4	10.6

第四，将各项因素的标准分数按其内部各因子的得分比重进行分配，得到各因子的标准分数。在对具体研学旅行资源进行评价时，先对各项因素的因子进行评分，再将结果与各因子的标准分数进行比较，就可以对研学旅行资源的功能进行评价了。

价值工程法虽然是一种综合性的量化评价模型，但在对研学旅行资源功能影响因素进行分解、对各因素及其因子的重要性进行评分时，仍然依靠人的主观判断。所以该评价方法与纯主观的评价方法相比，虽然有了很大的进步，但仍然未完全摆脱主观的影响，是将主、客观相结合的方法。

第七章 体育研学旅行基地营地简析

研学旅行实践教育活动的开展需要相应的活动场所和教育基地作为支撑。研学旅行基地营地是实施研学旅行课程和研学实践教育活动的重要载体和基础，是实现研学实践教育目标的重要资源。

近年来的发展显示，研学旅行基地营地作为研学旅行的重要载体和资源，发挥的作用越来越大。学习和了解研学旅行基地营地的内涵、特点、标准规范等，有助于我们深入了解基地营地的价值，对规划建设高质量的研学旅行基地营地十分重要。

第一节 研学旅行基地营地概述

我国的研学旅行仍处于起步阶段，目前关于研学旅行基地营地的概念尚无定论，不同领域、不同地区对此有不同的定义，研学旅行基地营地的建设也没有统一规范的标准。综合全国与地方的研学旅行基地营地的规划建设与运营管理实践，了解研学旅行基地营地与研学课程的关系，厘清研学旅行基地营地的内涵特点，把握研学旅行基地营地的本质属性，不仅可以更有效地利用基地营地设计和实施研学课程，还有助于推进研学旅行基地营地的开发建设运营。

一、基地营地与课程的关系

研学旅行在旅行中实现教育目标，是一种行走中的教育和学习。在研学旅行课程中，教育是目的，旅行是方式，课程是核心。研学旅行基地营地作为开展研学旅行的优选之地，可以为研学课程的设计与实施提供综合保障。课程设计与实施是基地营地持续运营的核心基础。多元化特色课程设计导入与服务能力培育，是基地营地发展与课程实施的双向需求。

（一）基地营地为课程的设计与实施提供资源保障

研学课程的设计与实施需要丰富广泛的资源。基地营地作为研学旅行活动的校外资源和重要载体，一般拥有较好的研学禀赋。对基地营地资源进行深度挖掘研究，结合研学需求和相关政策趋势，开发设计符合基地营地特色和新时代需求的研学课程，并不断丰富完善研学课程体系和资源供给，可以为研学旅行的有效实施提供内容保障。而拥有丰富研学资源的场所和目的地，通过基地营地的打造建设，也同样可以作为研学课程设计与实施的重要场所和资源。

（二）基地营地为课程的实施提供综合服务保障

研学旅行基地营地一般具有相对成熟和主题明确的研学课程，拥有餐饮、交通、游览、医疗、安保、卫生、通信等完善的配套设施条件和良好的服务接待能力，不仅是研学课程实施的重要场所，同时也为研学课程的实施提供了综合服务保障，让研学旅行的开展更顺利、更有效。

（三）研学课程是基地营地开发建设运营的核心

研学课程是研学旅行基地营地的核心内容和灵魂，也是基地营地建设运营的重要基础。要想规划建设符合标准规范、能满足研学课程实施的基地营地，首先要做好研学课程的开发建设。将课程的设计实施与基地营地建设运营相结合，有效整合运用各类研学资源，进行研学课程设计和多元化课程体系构建，并对课程实施的综合化服务结构和旅行要素进行配置，与基地营地进行充分对接，可以让研学课程的实施更可行、更有效，也可以保障基地营地的可持续运营。

二、基地营地的相关概念

目前，关于研学旅行基地营地的一些概念和标准尚不统一，相关称谓有“研学实践教育基地营地”“研学旅行基地营地”“研学基地营地”“综合实践教育基地”等。教育部办公厅公布第一批全国中小学生研学实践教育基地、营地名单的文件中称作“全国中小学生研学实践教育基地”“全国中小学生研学实践教育营地”；武汉市教育局、文化和旅游局发布的《武汉市中小学生研学基（营）地评定与服务规范（试行）》中称为“研学基地”“研学营地”；中国旅行社协会颁布的《研学旅行基地营地设施与服务规范》中称为“研学旅行基地”“研学旅行营地”；中国质量认证中心颁布的《中小学生研学实践教育基地、营地建设与管理规范》中称为“研学实践教育基地”“研学实践教育营地”；等等。此外，根据研学内容、主题的不同，还有“社会实践教育基地”“劳动实践教育基地”“爱国主义教育基地”“航空研学实践教育基地”“红色研学基地”等专项类基地营地的称谓。

研学实践教育基地是具备开展研学实践所需的资源与接待条件，能够提供明确的教学主题与配套课程的资源单位。

研学实践教育营地主要指能够承担一定规模中小学生研学实践教育活动，能够研发和提供多主题研学课程和线路，并能为开展研学实践活动提供集中食宿、接待等综合服务的资源单位和场所。

研学旅行基地主要是在原有景区或人文资源基础上，根据研学旅行育人目标，结合域情、校情、生情，进行改造、完善和提升，在服务、课程、师资、运营等方面均达到实践教育标准的场所。

研学旅行营地是能够发挥中小学生研学实践教育的活动组织、课程和线路研发、集中接待、协调服务等功能，为广大中小学生开展2～5天的研学实践活动提供集中住宿和交通服务的资源单位。

实践教育基地是指具有一定规模的固定场所及各类相关器材，有组织、有计划、有特色的能够经常开展实践活动的场所和资源单位。

综合实践教育基地是开展综合实践活动课程，培养学生独立思考能力、创新实践能力的载体，是集创新性、开放性于一体的教育资源，是凝聚学生体验生活、理论教学与实际结合的平台。

由以上定义可以看出，不同概念之间有一定联系，也有一定区别。以上基地营地都是普通中小学学校教育的补充、拓展和延伸，都是可持续提供中小学生开展研学实践教育活动的场所，都拥有研学课程资源，具有教育教学设施和接待服务设施。

基地营地的主要区别在于功能设置、课程设置与呈现方式不同。基地重在教育教学功能，课程主要来自对自身资源的挖掘和设计，内容与自身资源高度吻合，强调特色，数量一般不多；而营地除教育教学功能外，还有后勤服务保障功能，具备一次性集中接待一定规模学生集中住宿、餐饮的条件和功能，能解决学生的吃、住、行问题，可以根据自身资源设计满足不同年龄段学生和人群的多主题课程，更多呈现为与周边教育资源形成研学线路，以满足研学滞留更长时间的需求。

研学实践教育基地营地与研学旅行基地营地，都具有主题明确的研学课程、配套的设施、专业的团队、科学的管理制度以及完善的安全保障措施。研学实践教育基地营地在研学内容主题与课程方面，更具有独特性与综合性，教育功能相对突出，而研学旅行基地营地更强调在旅行体验中进行研学实践，旅游休闲功能相对突出。为了统一，本书不在其名称及功能区别上加以论述，统称为“基地营地”。

三、基地营地的功能

学生在研学旅行基地营地开展实践活动，具有寓教于游、寓教于乐的特点，其实质是一种体验式、情境式教育。理想的研学旅行基地营地应满足和兼顾学生实践教育、情境体验、休闲旅游等多种需求，能为学生提供学、游、行、吃、住等多项服务，具备教育、生活、休闲等多重功能。

（一）教育功能

研学旅行基地营地的教育功能主要体现在：应开发设计不同主题的研学课程、研学线路，建设活动教室、会议室、多功能厅、展示厅等满足各种主题实践活动和交流讨论的场馆，有条件的基地营地还可以配建运动场、拓展营等设施。

(二)生活功能

研学旅行基地营地要满足一般的研学实践教育活动接待和中小学生集体生活的需要,不仅应具备教育、安全、交通、管理等基础设施设备,还要能提供一次性集中接待一定规模学生的食宿生活服务(特别是营地)。

(三)休闲功能

多数研学旅行基地营地依托博物馆、景区、乡村、小镇工业遗产等各类文旅项目而建,除了拥有一定的文化教育氛围外,还拥有秀丽的风景、优美的环境、人性化的休憩设施,既能很好地满足学生研学教育过程中的审美需要、身心愉悦需要,又可以让学生在研学过程中沐浴休闲教育、享受美好时光。

此外,有些研学旅行基地营地还可能因特殊情况设定其他服务功能。

四、基地营地的属性特点

作为研学实践教育活动的载体,研学旅行基地营地必然有着与研学旅行一致的教育性、实践性、安全性和社会公益性等属性,同时具有开放性、游憩性、特色性等特点。

(一)教育性

教育性是研学旅行基地营地的本质特性。基地营地的软硬件建设都要从教育出发,凸显教育功能,有利于实现教育目标。

(二)实践性

研学旅行注重参与者的综合实践,强调实践能力,要有提供实践体验的综合教育课程和场所。基地营地的课程和设施要满足学生动手实践、亲身体验的需要,尤其是课程设计与实施应尊重学生的主体地位,以主题实践教育活动为主,以培养创新精神和实践能力为目标,变知识性的课堂教学为实践性的体验教学。

(三)安全性

基地营地的选址要远离地质灾害和其他危险区域,要始终坚持安全第一，配备安全保障设施，建立安全保障机制，明确安全保障责任，落实安全保障措施，设立安全应急预案，确保学生的安全。

（四）社会公益性

《意见》中规定，研学旅行不得开展以营利为目的的经营性创收。因此，研学旅行基地营地的建设运营也要体现其社会性和公共性，把社会效益放在首位，对学生尤其是对贫困家庭学生有减免费用的义务。

（五）开放性

基地营地的开放性，表现为教学环境的开放性、服务对象的广泛性和研学课程的普及性。基地营地的研学旅行课程和设施配套，区别于校园课堂学习环境，应有利于引导学生到自然和社会环境中拓宽视野、丰富知识、了解社会、亲近自然和参与体验。任何研学旅行基地营地应对所有学生开放，欢迎不同学龄段的中小学生和其他亲子客群入驻开展研学活动，不受地域或其他方面的限制。此外，研学旅行基地营地面向大众的普及性教育课程，要适合各年龄阶层和各类人群。

（六）游憩性

新奇的校外环境、互动体验式学习、自主合作探究的学习方式，可以让学生感到学习的乐趣，有助于激发学习兴趣。研学旅行基地营地一般都会根据自身资源特点，开展一定的游学活动，情景交融，寓教于游，并注意研学实践教育活动休憩节点的设置。

（七）特色性

基地营地的研学课程资源一般是所在地域或相关领域的自然、人文等资源的典型代表，因此，研学旅行基地营地具有地域特色或行业特色。

五、基地营地的类型

（一）按研学实践教育主题与功能分类

1. 单一主题研学基地营地

单一主题研学基地营地，也称专项性研学实践教育基地营地，其资源主题相对单一，可以开展的研学课程板块主要包括优秀传统文化、革命传统教育、国情教育、国防科工、自然生态、劳动实践教育等(如表 7—1 所示)。

表 7—1　单一主题研学基地营地资源类型与研学目标

研学主题	研学基地营地资源	研学目标
优秀传统文化	文物保护单位、博物馆、"非遗"场所、优秀传统文化教育基地、展示传统文化的景区景点、乡村旅游点等	引导学生传承中华优秀传统文化核心思想理念、中华传统美德、中华人文精神,坚定文化自觉和文化自信
革命传统教育	爱国主义教育基地、革命历史类纪念设施遗址等	引导学生了解革命历史,增长革命斗争知识,学习革命斗争精神,培育新时代精神
国情教育	美丽乡村、传统村落、特色小镇、大型知名企业、工业旅游示范点、大型公共设施、重大工程基地等	引导学生了解基本国情、习近平新时代中国特色社会主义建设成就与改革开放成就,激发爱党、爱国、爱人民之情
国防科工	安全教育基地、国防教育基地、科技馆、博物馆、科普教育基地、科技创新基地、高等学校、科研院所	引导学生学习科学知识,培养科学兴趣,掌握科学方法,增强科学精神,树立国家安全观和国防意识
自然生态	自然景区、风景名胜区、城镇公园、动/植物园、自然/文化遗产地、生态保护区、海洋公园、野生动物保护基地等	引导学生感受祖国大好河山,树立爱护自然、保护生态意识
劳动教育实践	具有农业生产、工业体验、商业和服务业实习等劳动实践功能的职业院校、高等学校、农业基地、企事业单位等	引导学生树立正确的劳动观,养成尊重劳动的情感,形成热爱劳动的良好习惯

2. 综合性研学基地营地

综合性研学基地营地,也称综合性研学实践教育基地营地,如青少年综合实践教育基地、中小学生综合实践基地、中小学综合素质发展活动基地、青少年活动中心、综合性研学实践教育营地、研学教育综合体等,教育资源丰富,以培养学生综合素养为目标,房建、水、电、通信等基础设施配套齐全,有一定活动场所,有专业人才规划设计不同主题、不同学段、与学校教育内容衔接的综合实践活动课程(包括考察探究、社会服务、设计制作和职业体验等活动形式)。这类基地营地逐渐成为地方研学旅行的重要载体和场所。

(二)按旅行吸引物资源和性质分类

根据基地营地所包含的旅行吸引物等资源的性质及类别,分为知识科普类、自然观赏类、体验考察类、励志拓展类、文化康乐类(如表7－2所示)。

表7－2 研学旅行基地营地按旅行吸引物资源特点分类

基地营地类型	基地营地资源
知识科普型	各类博物馆、科技馆、主题展览、动物园、植物园、历史文化遗产、工业项目、科研场所等
自然观赏型	山川、江河、湖海、草原、森林等
体验考察型	农庄、实践基地、夏令营营地、拓展基地等
励志拓展型	红色教育基地、大学校园、军营、国防教育基地、青少年拓展教育基地等
文化康乐型	各类主题公园

(三)其他分类

此外,研学旅行基地营地,根据所处区位和资源本底、住宿载体、建设运营主体等的不同,也有不同的分类。

按所处区位和资源本底分为:城市型、郊区型、乡村型、滨海型、海岛型、湖畔型、森林型、山地型等。

按住宿载体分为:汽车营地、房车营地、帐篷营地和复合型营地等。

按建设运营主体分为:公办型、民营型、混合型等。

按依托产业和发展模式分为:科技研学基地、农业研学基地、工业研学基地、体育研学基地等。

第二节　基地营地的建设条件

现阶段,“全国中小学生研学实践教育基地”“全国中小学生研学实践教育营地”尚无统一的建设指标体系。一些地方、协会结合当地实际和行业特点出台了相关标准规范,并进行了相关实践。

基于国家、地方、行业研学基地营地建设与服务相关标准规范,分析成功运营经验,研学旅行基地营地建设有以下必备条件。

一、合法合规的基础条件

基地营地作为研学课程的实施场所，其建设运营需要具备一定的资质条件和场所条件，即基地营地的基础条件。

(1)具备法人资质，应取得工商、卫生、消防、食品、公安、旅游等管理部门颁发的各类许可经营证照，可以合法接待研学旅行团队。

(2)产权关系清晰，是独立产权营业场所，或有租赁使用权的营业场所。

(3)研学资源丰富、特色鲜明，在本地区、本行业有一定示范性、代表性；具有研学旅行的各项要素和功能。

(4)区位条件好，交通便利，可进人性良好，避免人口密集、周边娱乐场所密集地区。

(5)规模适当，能满足基地营地开展研学旅行活动的需求，基地要能单团接待 100 人以上学生团队，营地要能单团接待 50 人以上学生团队。

(6)原则上正常运营一年及以上，无任何安全事故。

二、专业完备的研学教育条件

具备较好的研学教育能力和研学课程实施条件，是基地营地建设运营的核心和必要条件，具体表现在研学课程、师资力量、教育设施、课程实施等方面。

(1)能够结合自身特点，设计开发适合各学龄段学生、研学目标明确、与学校教育内容衔接的研学旅行课程与活动，并拥有系统的研学旅行课程资源。

(2)能够结合自身和周边资源，规划设计与基地营地主题研学课程相关的研学旅行路线，且具有较强的针对性、可操作性和安全性。

(3)应配备与研学课程相适应的研学场所和设施，如：教学设备、教材教具、展示方式、场地空间等基础配套。

(4)须配备专业的研学旅行服务机构、部门或团队人员，负责研学旅行课程教学和生活服务保障。

(5)具备科学完整的研学旅行课程实施流程和管理制度,保障研学实践教育活动有序有效开展。

三、完善的配套设施条件和高水平的接待服务

研学旅行课程的实施离不开相应的配套设施和接待服务,二者是基地营地正常运营的重要条件和保障。基地营地应保证餐饮、住宿、交通、游览、医疗、安保、应急、水电、通信等各类设施配套齐全,布局合理,运行正常,环境卫生条件良好,具备基本的研学旅行接待服务能力和服务标准,确保学生研学旅行实践活动顺利开展。

(1)基地营地内水、电、通信、无线网络等基础设施设备配套齐全。

(2)具有相应的餐饮、住宿、停车场、游客中心或综合服务中心等研学旅行接待设施和服务设施。

(3)室外研学场地应布局合理的线路与完善的交通设施,保证通行顺畅,方便游览与集散。

(4)拥有基础救护、监控、治安保障、消防应急等安全设施设备,标识醒目,具备基本的医疗保障和安全条件。

(5)需配备数量适宜的研学旅行配套服务人员与管理人员,保障研学旅行课程的顺利实施和基地营地的正常运营。

四、健全的安全措施和保障

基地营地的建设运营要始终坚持安全第一,除了要配备完善的安保设施外,还应具备健全的安全管理制度和安全保障措施,确保学生在研学旅行活动中的安全。包括设置安全管理部门和岗位,建立安全保障机制,明确安全保障责任,制定安全应急预案,落实安保相关人员和保障措施,从而确保基地营地的安全运营。

五、良好的运营管理条件

基地营地的正常运营离不开良好的管理机制和运营条件。发展规划

合理，拥有完善的管理体制、机制以及运营模式，包括实现运营管理目标所需的职能部门、规章制度、业务流程、专业培训、检查评审、外联协作等，都为研学旅行课程的组织实施，以及基地营地的有序高效运营提供了管理保障。

第三节 基地营地的规划

打造建设高质量的研学旅行基地营地，应该立足基地营地的基础条件和现状，结合国家地方政策，深入挖掘基地营地的资源特色，着重从基地营地的空间布局、设施配套、场所环境、景观建筑、课程内容、运营管理等方面入手，进行系统规划设计，以发挥基地营地的研学价值和综合价值，为中小学生和青少年创造和提供多样化综合实践教育场所。

一、基地营地的规划原则

（一）系统整体性

系统整体性原则体现在研学基地营地规划的空间布局、功能整合、环境要素、产业发展、服务对象、研学课程等方面。不同的空间环境与其所发挥的教育功能，不同年龄段学生与其相配套的研学课程、活动、线路的主题，都应整体综合考虑，进行空间布局和研学课程体系构建。不同空间中的环境、景观、建筑等设计也应注意协调与统一，从而使研学教育过程中的感知和体验更加系统和完整。

（二）特色主题性

特色主题性原则是指在研学基地营地的规划中，应强调对空间环境、研学场所、研学课程线路等的主题性把握，并体现其特色。基地营地的规划建设要因地制宜，根据地域特点和资源特色，对基地营地中的自然、人文、社会等要素，进行特色主题的提炼与整合，并结合其特色主题，对不同年龄段人群、不同研学内容、不同空间环境等，进行主题性规划，从而优化研学教育的展现和体验方式，丰富基地营地的教育内容与功能。

（三）体验互动性

研学旅行教育区别于学校教育和课堂教学，是旅行、学习、生活体验的融合，强调让学生走出校园，在实践体验中达到教学目标，通过人与自然、人与社会、人与人之间的互动，完成自我认知，收获身心成长。而运营好的基地营地一般都会有很好的体验与互动，可以给学生留下深刻的印象，让来到这里的人流连忘返。

研学旅行中的体验互动具有一定的逻辑性、趣味性、创造性，研学基地营地建设规划中的体验互动性体现在场所、环境、课程、活动等方面，注重学生的参与性，对研学实践场所空间、建筑景观环境进行整合规划，设计互动体验性研学旅行课程与活动，重视学生对空间环境的切身感知与研学互动体验，从而达到基地营地实施研学旅行的全面性效果。

（四）可持续性

研学教育服务是持续服务，因此研学基地营地也要有合理规划，保证其可持续运营。基地营地规划的可持续性原则主要体现在资源环境、场所设施设备、课程体系与内容等方面，包括教育理念可持续、生态环境可持续、研学课程活动可持续、运营方式可持续等。

基地营地的建设规划，要遵循循序渐进的发展思路，运用前瞻性的思维，综合考虑自然人文、社会经济、生态环境等各方面，以及未来发展各阶段所需要的空间和条件，适当地应用现代科技手段和方法，整合利用基地营地与周边各类资源与环境，合理设置研学旅行教育设施与配套设施，科学构建研学旅行课程体系，从而保证基地营地的可持续运营。

如乡村型自然教育基地的规划应避免大规模人工材料和建设投入，以原生态规划理念为主导，以尊重自然、保护生态环境为前提，顺应自然教育、国情教育、劳动教育等目标，尽量避免对乡村原有自然条件的大量开发与改造，系统设计相关主题研学课程、线路和体验内容，从而为基地营地的可持续运营提供指导和基础。

二、基地营地的规划方法

建设打造高质量的研学旅行基地营地，要创新理念，规划引导，紧跟时代，对应现时国家、地方、行业、领域等研学教育和研学旅行基地营地的相关政策，对标规范标准，合理选址，基于资源和客源特点，构建研学课程体系，做好空间布局、业态规划与配套保障，对基地营地的场所资源进行软硬件建设或提升改造。

（一）把握政策要点与导向

研学旅行相关政策，为研学旅行基地营地的规划建设与高质量发展提供了指导意见，也是基地营地规划的基础和依据。基地营地的规划要紧跟最新政策热点，把握趋势与要点，做好近、中、远期规划，这样才能使基地营地的建设发展更符合当下的研学教育实际，更符合可持续发展需求。

教育部等十一部门发布的《关于推进中小学生研学旅行的意见》，教育部发布的《关于做好全国中小学研学旅行实验区工作的通知》，国务院办公厅发布的《关于进一步促进旅游投资和消费的若干意见》等文件，对推进并支持建设研学旅行基地营地做出了重要指导和政策支持。

中共中央、国务院发布的《新时代爱国主义教育实施纲要》《关于全面加强新时代大中小学劳动教育的意见》等文件，对爱国主义教育基地、国防教育基地、劳动实践基地等，提出了一些具体的发展建议和措施。

此外，研学旅行还备受社会各界关注，在乡村振兴、文旅融合、健康中国、文化复兴等国家重大战略驱动下，文化、旅游、大健康、农业、工业、林业、体育、科技、航空等相关行业也出台了支持研学旅行基地营地发展的政策与文件，引导相关领域研学旅行基地营地的发展。

（二）科学合理地选址

研学旅行基地营地作为研学旅行课程的实施场所和重要载体，其规划要先考虑选址的科学合理性，这也是基地营地建设与规划的前提和条件,而区位、交通、安全、资源等基础条件,是影响基地营地选址的重要因素。

安全是研学旅行基地营地选址应首先考虑的因素。选址应符合国家和地方对自然环境、文化、历史及资源保护等方面的要求,综合考虑以下因素:发生自然灾害的可能性,各类污染源的潜在影响,交通的安全与便利性,实现紧急救援或及时应对突发事件的可行性,水、电、通信等基础设施,可依托的自然、历史、文化等资源,所在地周边的社会人文环境等。

新建基地营地的选址要远离地质灾害和其他危险区域,避免人口密集或周边娱乐场所密集地区,不受自然灾害或人为危害的威胁,地理区位优越,具备良好的可进入性。

而景区、度假区、博物馆、乡村小镇、农旅项目、工业旅游等文旅项目,资源条件和接待设施与配套基础较好,都可以作为研学旅行的载体或场所,有利于多样化研学旅行课程的开发与实施,所以这些文旅项目所在地也是规划建设研学旅行基地营地的优选之地。

此外,基地营地的选址,也要考虑研学资源的丰富性和特色性,在本地区、本行业、相关领域要有一定示范意义。

(三)价值提炼与主题定位

研学旅行基地营地的持续运营必须有明确的主题。基地营地应根据自身或其周边资源情况,确定至少一项符合学生发展核心素养总体培养目标的研学主题,以此作为基地营地研学服务提供的方向或领域。

研学场地价值提炼与发展主题定位是研学旅行基地营地规划的重要内容和前提,可以为研学课程、研学线路、研学活动的设计提供方向指引,为基地营地的空间场所规划、相关落地项目策划、研学课程设计提供基础依据。

每一个研学旅行基地营地都是一个文化 IP,应挖掘其差异化优势和独特内涵,提炼场地价值,构建发展模式,明确主题定位,为打造核心吸引力提供思路和依据。

1. 场地价值提炼

对基地营地的文化、生态、产业等资源价值进行梳理和凝练。文化资源，包括历史故事、文化遗产、风土人情、文化艺术、红色文化、科技文化等；生态资源，包括地质地貌条件、水文条件、气候资源、动植物资源等；产业资源，包括农林牧渔特色产业、工矿企业、科研机构、博物馆、科技馆等。

2. 发展模式构建

依托资源优势导入教育内涵，对基地营地进行价值赋能，将文化资源转化为基地营地教育内容，延伸研学价值体系。

3. 主题定位塑造

依托价值核心，构建研学旅行基地营地研学主题定位。

总体定位，从区域、城市、历史、文化、精神、传承等角度，针对研学旅行基地营地的角色和发展，用高度凝练的语句进行总结；形象定位，从研学传播角度对基地营地进行定位，对基地营地的资源、课程、环境、体验等要素进行阐述和包装；市场地位，基于研学客群和亲子研学旅行市场的空间分布、行为特征与偏好需求等分析，形成客源市场界定，精准研学市场开拓；目标定位，对照国家标准、地方标准、行业标准等，对未来建设方向形成定位，如国家级研学旅行示范基地、全国中小学生研学实践教育基地等。

（四）构建研学课程体系

研学课程、研学活动、研学线路等研学体验内容，是研学旅行基地营地的灵魂，也是基地营地研学课程规划的核心，会对研学教育活动开展产生直接影响。

基地营地研学课程体系构建，要以研学旅行基地营地为中心，结合自身和周边资源，充分利用现有基础设施和服务要素，综合考虑各类研学客群，设计不同主题、不同时长、适合各学龄段学生、研学目标明确、与学校教育内容衔接的特色化研学旅行课程活动与线路，设计具有强针对性、可操作性，并与基地营地主题研学课程相关的研学旅行线路，从而构建多层次、多样化研学旅行课程体系。

研学课程的设计要主题鲜明，目标明确，对象清晰，体验内容丰富合理，资料完善，评价科学。每个研学旅行基地营地至少具备一个研学旅行主题，并具备开发兼具互动体验和趣味性的研学实践课程的能力。

研学旅行线路要在时间和空间、内容和形式上进行精心设计，主题鲜明、内容丰富、意义深刻。研学线路行程天数不限，可以是一地、多点的一日或多日研学活动，也可以是多地、多日、多线的混合型深度体验。

多元化研学课程不仅包括研学旅行、综合实践、主题营会、夏冬令营、素质教育、劳动教育等系列，还包括亲子研学、拓展教育等团体活动。对接学校渠道，设计研学实践教育课程与活动，对接家庭与社会渠道，设计亲子课程与活动。

（五）空间布局与设施规划

研学旅行基地营地的空间布局规划，要遵循研学教育理念和基地营地的功能空间规划的逻辑和需求，在学员行为需要和研学教育活动的需求基础上，结合基地营地的研学主题课程和各类资源，规划设计不同功能分区、研学场所、休憩节点、行为路径，并配备必要的教育、游览、接待、安全、应急等各类配套设施设备。

研学旅行基地营地应综合用地条件、研学和旅游发展要素，对接研学课程体系，进行研学功能布局，并对资源进行优化配置和空间组织。按照相关标准规范和要求，研学旅行基地营地的空间场所规划和设施规划要注意把握以下要点。

（1）配备专业的教育设施与场所，包括室内、室外教学场地构成的专门研学场地或教室，以及适合基地营地的教学设备、教材教具、展示方式等，并考虑周末或节假日不同客群的研学需求。

（2）合理布置接待服务设施，包括餐饮、住宿、游客中心、售票处、厕所、生态停车场、交通设施、导游标识、医疗救护站等。

（3）设置必要的跟基地营地主题和景点景观相关的游览休憩设施，包括游览步道和线路，公共休息区及必要的导览、提示标识等。

（4）配备适宜的安保应急等其他配套设施设备，包括区间交通、通信、监控、安全、医疗、卫生、应急等。

(5)新建基地营地,如果周边配套不足,要进行专项补充。

(六)景观建筑设计与环境氛围营造

基地营地的建筑包括酒店民宿、游客中心、博物馆、体育馆等研学场所建筑及配套建筑,其布局规划和形态设计,要符合基地营地实际情况,结合研学主题、目标和体验过程,同时符合基地营地主题特色,并满足基地营地的教育、游览、配套等设施条件需求。建筑规划设计要先确定建筑空间形态模式,梳理建筑排布方式,演绎空间单元与群组形态,并对建筑内外部景观环境进行设计。

基地营地景观包括地形、铺装、水景、植物、夜景照明、休憩小品、景观节点,以及互动场景情境、环境氛围等。基地营地的景观设计要遵循互动体验、融合共生、主题化、艺术化等原则,因地制宜,就地取材,利用科技,围绕基地营地主题,通过特殊饰景设施或艺术化手段,强化对感官的刺激,改变景观空间使用性质与功能,丰富研学感知体验。

此外,还包括一些研学场所内部环境和研学场景的设计和氛围营造。例如,山西襄汾县科普教育基地,山西光大焦化煤化工与生活科普馆由旧厂房改造而来,通过展陈设计、多种互动模式、实物展示等方式,对旧厂房进行改造,使用最新多媒体技术,让学生与游客在游玩中学习,在科普馆中了解煤炭通过高效利用转化为焦炭、化工产品、电力、热能等其他能源的工艺过程。

(七)配备专业研学人才

研学旅行基地营地需要配置教师团队、运营管理人员、安全员、讲解员、食宿管理人员和服务人员,负责学生的研学旅行课程教学指导、生活管理、综合评价与安全保障,保障研学旅行活动顺利开展。

教师团队以研学旅行指导师为主,专职与兼职相结合,相对稳定,并通过资质考核,至少配备 3 名具有省级及以上行政主管部门或专业社会组织颁发的研学旅行指导师职业证书的专职研学旅行指导师,且兼职研学旅行指导师应具有与研学课程相匹配的专业优势，师生比不低于1:30。除了专业的讲解导师外，还可以安排一些具有基地特色的相应人才，比如传统文化传承人、手工匠人等。而管理团队是基地营地与家长和学校产生黏性的重要载体。

（八）安全与运营管理保障

研学旅行基地营地的规划建设，要按照基地营地建设标准规范和要求，配备设置基础救护、治安保障、监控系统、消防应急设施、警戒隔离等必要的安全设施设备，相关标识完整、醒目、清晰，并设立安全管理机构、安全保障机制与安全应急预案，降低安全风险，确保学生的安全和基地营地的正常运营。

合理的发展规划，良好的管理机制，可行的运营模式，是研学旅行基地营地可持续运营的保障条件。在研学旅行基地营地规划建设中，应设置实现目标所需的管理部门、规章制度、业务流程、资源联动、经费筹措、优惠政策、运营模式等，并定期对所建立的管理体系进行检查与评审，从而保证基地营地的可持续运营。

第八章　研学旅行资源数据库的建设与开发

第一节　研学旅行资源数据库概述

研学旅行资源数据库可定义为由计算机硬件、软件、数据和用户四大要素组成的，可以对空间相关数据进行采集、储存、管理、分析、操作、描述、模拟和显示，提供研学旅行资源专题信息，为管理和决策服务的一类地理信息数据库系统。

研学旅行资源数据库不是一般意义上的地理信息数据库系统，最大特征是它处理的数据具有和研学旅行资源相关的专题信息。此外，它与传统数据库的区别在于，除了描述研学旅行资源本身的属性数据，还包含与其相关联的空间数据。

一、软硬件系统

(一)硬件系统

研学旅行资源数据库的硬件系统一般由三个部分构成，即主机、数据输入设备和数据输出设备。

1. 主机

主机主要指计算机，包括 CPU、内存、显卡、声卡、网络适配器、调制解调器、硬盘、光盘驱动器、主板及一些芯片。研学旅行资源数据库对这些设备的要求如下：

CPU:研学旅行资源数据库硬件配置需求是CPU的运行速度和图形处理的速度应达到一定标准,目前主流CPU为英特尔的酷睿系列和AMD的锐龙系列,速度均可。

内存:要求尽可能大,一般大于64GB。

显卡:决定图形的显示质量,要求显存比较大。

声卡:要求质量较好。

此外,智能手机的蓬勃发展给手机端的研学旅行资源数据库的应用提供了可能。智能手机即具备独立的操作系统和运行空间并可由用户通过移动通信网络来自行安装和运行软件的手机。

2. 数据输入设备

数据输入设备是指可用来将各种所需数据和信息输入计算机的设备,并将模拟数据转换成数字化数据,是计算机与用户或者其他设备通信的桥梁。目前数据输入设备多样,包括手扶跟踪数字化仪、扫描数字化仪、数字摄影测量仪器、遥感图像处理系统、图形处理系统等。

3. 数据输出设备

数据输出设备通常指计算机硬件系统的终端设备,用于接收计算机数据的输出指令,把各种计算机数据或信息以数字、字符、图像、声音等形式表现出来,包括显示器、绘图仪、打印机、影像输出系统、语音输出系统等。

(二)软件系统

研学旅行资源数据库的软件系统由两个部分构成,分别是计算机系统软件和应用软件。

1. 系统软件

系统软件是指一般由计算机或智能手机厂家提供的,可为用户和开发者提供方便的程序系统。主要由以下三部分组成。

(1)操作系统

在计算机系统中,操作系统是指负责支撑应用程序运行环境以及用户操作环境的系统软件,同时也是计算机系统的核心与基石。它的职责常包括对硬件系统的直接监管、对各种计算资源(如内存、处理器时间等)的管理,以及提供诸如作业管理之类的面向应用程序的服务等。目前比较流行的操作系统包括 Windows 系列,还有 UNXI、LINUX 等。其中,LINUX 是完全免费、源代码开放的操作系统,是未来操作系统的发展方向。

智能手机的操作系统中应用极为广泛的是美国苹果公司的 iOS 和谷歌公司收购注资的 Android。

(2)数据库软件

数据库软件分为大型的和小型的两种。大型的数据库软件包括 SQL Server、Lotus、Sybase、Oracle 等,这些软件功能强大,但价格昂贵、技术难度大、不易操作。小型的数据库软件包括 Visual FoxPro、Microsoft Office Access 等,优点是入门较易,但功能比较简单。

(3)软件开发平台

软件开发平台包括 Python、Visual C＋＋、Visual Basic 企业版、Delphi 等,网络开发平台是现在的发展趋势。

2. 应用软件

应用软件主要包括三大类型,即地理信息系统软件、图像处理软件和应用分析软件。

关于地理信息系统软件,目前国内外都有成熟的软件可供选择,主要包括遥感图像处理软件和地理信息系统开发软件。前者主要有 ENVI、ERDAS、ER Mapper 等。后者有国内研发的成熟软件,包括超图集团开发的 SuperMap、中地数码集团开发的 GIS 软件系列 MapGIS、武汉吉奥时空信息技术股份有限公司开发的 GIS 软件系列 GeoStar、北京灵图软件技术有限公司开发的 VRMap 等,其中 VRMap 主要应用于三维 GIS 技术;国外主要包括美国 ESRI 的 ArcGIS 和 CityEngine,以及致力于实景三维建模的 Bentley 等。

图像处理软件如 Adobe Photoshop、AutoCAD 等,主要进行各种图片的处理,包括图形格式的转换。

应用分析软件是主要进行统计分析工作的软件。这类软件是由信息系统的开发人员或用户根据专题需要或专题分析模型而编设的用于特定目的的程序，是信息系统的扩充和延伸，一般需要由专业人员来完成编设工作，如 SPSS 等。

二、数据库系统

数据库系统是研学旅行资源数据库的重要子系统，是其核心组成部分之一。数据库管理技术主要对数据进行分类、编码、存储、检索和维护，是数据处理的中心问题。

（一）数据库系统（Data Base System，DBS）

数据库系统是指在计算机系统中引入数据库后的系统构成，是能正常进行数据库操作和处理的整个系统，目的是实现用户对数据的使用，包括应用程序、数据库管理系统、数据库和数据库管理员（用户）。其特点是数据冗余度小、独立性高、共享性好，由数据库管理系统（DBMS）统一管理。

（二）数据库管理系统（Data Base Management System，DBMS）

数据库管理系统是管理数据库的软件系统，可以实现数据库系统的各种功能。DBMS 是位于用户和操作系统之间的数据管理软件，负责有效、科学地组织、存储、维护、访问数据。DBMS 的支持便于用户定义、操作、管理数据，数据的完整性、安全性可以得到保证。

（三）网络数据库

网络数据库，即 Web 数据库，是指在互联网中以网络查询接口方式访问的数据库资源。网络数据库由数据库服务器（Database Server）、中间件（Middle Ware）、Web 服务器（Web Server）、浏览器（Browser）四部分组成。它的工作过程可描述为用户通过浏览器端的操作界面以交互的方式由 Web 服务器来访问数据库，用户提交的信息和数据库返回给用户的信息都是以网页的形式来表现的。和传统数据库相比，网络数据库有着以下优点。

(1)由于计算机网络的范围可以从局部延伸至全球,网络数据库扩大了数据资源共享的地理空间范围。

(2)易于进行分布式处理。在计算机网络中,各用户可以根据情况合理地选择网内资源,以便就近快速地处理。

(3)数据资源使用形式灵活。

(4)便于数据传输交流。

(5)可降低系统的使用费用。

三、研学旅行资源数据库系统

(一)研学旅行资源数据库数据类型

研学旅行资源数据库的数据由空间数据和属性数据组成。

1. 空间数据

空间数据是指表示地球表面要素(如地形、水文、植被、气象气候、居民地、交通线、境界线、独立地物等)的空间位置特征的数据。其数据由几何坐标和实体间的空间相关性,即实体间的拓扑关系组成。

2. 属性数据

属性数据是指与要素几何坐标无关的数据,它表示和实体相联系的变量或地理意义,一般是抽象的概念,通过分类、命名、量算、统计等方法得到。其数据由定性非几何属性数据和定量非几何属性数据两种构成。

定性非几何属性数据包括名称、类型、特性等,如研学旅行营地类型等。

定量非几何属性数据包括数量、等级等,如面积、长度、研学旅行资源等级、研学旅行营地的旅行者数量、旅行者网络关注度等。

(二)研学旅行资源数据库组成

1. 基础地理信息数据库

基础地理信息数据库通常由大地控制测量数据、成果数据、地名与地址数据、地籍数据、三维模型数据、元数据等组成，是反映研学旅行资源所处区域的自然、人文信息的数据库，为空间型数据库。其主要内容是旅游资源所处区域内背景信息的数字化数据，如行政区边界、主要道路、河流等。

2.专题信息数据库

专题信息数据库是将专题资料经数字化处理后构建的数据库，为空间定位型关系数据库。研学旅行资源数据库中的专题信息指的是所有与研学旅行资源相关的信息，如研学旅行基地在网络地图上的空间位置。该数据库存储的数据按专题内容的不同分为以下几个方面。

(1)自然观赏类研学旅行资源，包括山川、水系(江、湖、海)、沙漠、湿地、滩地、森林、草原等。

(2)科普类研学旅行资源，包括博物馆、科技馆、主题展览馆、动物园、植物园、历史文化遗产、工业交通场地、科研场所等。

(3)体验考察类研学旅行资源，包括农庄、实践基地、冬夏令营、团队拓展训练基地等。

(4)励志拓展类研学旅行资源，包括红色教育基地、校园、国防基地、军营等。

(5)文化康乐类研学旅行资源，包括主题公园、演艺影视城等。

(三)研学旅行资源数据库作用

1.拓宽计算机数据库技术的应用范围

基于数据库技术设计的研学旅行资源数据库涉及多个学科与技术方法，如组件技术、多媒体技术以及数据库技术，通过多种先进技术的配合应用，构建覆盖范围较广的研学旅行资源数据库，形成面向研学旅行群体的数据模型，可以拓宽数据库技术的应用范围，具备一定的理论意义与实践价值。

2.提供完善的研学旅行资源信息

用户可以通过研学旅行资源数据库查询到全面且实时的研学旅行信息，为规划研学旅行线路提供参考依据。与此同时，多媒体技术在数据库设计中的应用可以提高研学旅行产品的表现力，使用户能够直观地了解研学旅行资源。

3. 为研学旅行机构的管理部门提供完善的数据参考

随着信息时代的到来，管理部门会根据获取的相关信息进行决策，决策过程就是数据信息的采集、整合与分析过程。在旅游行业迅猛发展的当下，客户对研学旅行产品的需求呈现出显著的多样化特征，研学旅行服务行业传统的经验决策方式难以满足新时代背景下的多样化需求。因此，为了顺应时代的发展，为研学旅行主办机构提供完善的决策参考数据，有必要设计完善的研学旅行资源数据库，促进研学旅行资源的开发，实现研学旅行服务行业的良性发展。

4. 促进研学旅行产品的创新

研学旅行资源数据库的建立可以实现对研学旅行资源的高效管理，主办机构和服务机构可以有针对性地进行产品的创新，确保学校和中小学生可以全面且准确地了解到研学旅行产品的信息。[①]

第二节　研学旅行资源数据库建设

研学旅行资源数据库主要包括空间数据库及属性数据库这两部分。其中，空间数据库主要用来存储与空间关系或者空间位置有关联的信息数据；属性数据库主要用来存储地理元素中的非空间属性信息。建设研学旅行资源数据库的目的是将研学旅行资源调查与评价的结果进行入库存储，并依靠计算机互联网技术实现该信息的共享，以便用户系统能查询到研学旅行资源的评级、自然条件、社会条件、可供研学旅行利用的资源等信息。通过 GIS 技术软件上应用缓冲区分析、叠置分析、网络分析等空间分析统计方法，结合数据库中研学旅行调查与评价的结果，可以分析出研学旅行目的地的优先发展区域，优化设施选择以及到访的最佳路线

① 薛东. 基于 GIS 技术的旅游信息系统数据库设计[J]. 电脑知识与技术，2018(22)：12－14.

等，从而对研学旅行目的地的未来发展做出定量化趋势预测，为发展规划提供科学依据。

一、研学旅行资源数据库内容

研学旅行资源数据库的用户主要面向研学旅行机构和参与研学旅行的师生。研学旅行机构侧重于对研学旅行资源的管理和开发，而参与研学旅行的师生则侧重于对研学旅行内容的深入了解。因此，研学旅行资源数据库需包含研学旅行资源调查与评价的全部内容，即基础地理信息数据库、地形数据库、专题统计数据库、多媒体文档数据库。

基础地理信息数据库分为基础自然地理信息数据库和基础人文地理信息数据库。基础自然地理信息数据库包括调查区域的基本概况、气候条件、地质地貌条件、水体环境以及生物环境等，如调查区域的气温（年均气温、极高气温、极低气温）和年均降水量及降水量的时空分布。基础人文地理信息数据库包括调查区域的村级行政区划与归属、经济条件、交通条件、交通沿线及枢纽点的旅游资源、基础设施数据等。

地形数据库包括调查区域的遥感影像、数字地形模型（DTM）等能够展现地形地貌特征的数据。DTM 是描述地形表面形态属性信息（包括高程、坡度、坡向等）的数字模型。其带有空间位置特征和地形属性特征的数字描述，因此可以用于通视分析、流域结构生成等应用分析。与传统的地图比较，DTM 有着无可替代的优点：能高度实现调查区域的可视化，从而更加全面地展现地形地貌情况，且精度损失小，在数据制作的时候也容易实现自动化与实时化。

专题统计数据库存储了经过分类统计后的数据，包括调查区域的背景统计数据和旅游条件统计数据。背景统计数据分为自然环境统计数据和人文环境统计数据。自然环境统计数据包括调查区域的地质构造、地形坡度和坡向、岩石与土壤层的分布分异、动物及植物群落的数量等。人文环境统计数据包括调查区域内的人均收入、消费水平、交通枢纽站点数量、污染治理程度等。旅游条件统计数据分为旅游基础条件统计数据和研学旅行客源市场调查统计数据。旅游基础条件统计数据包括各交通工具到达景区的便利性、景区的游客接待能力与客流量、景区的配套设施质量与数量等。研学旅行客源市场调查数据主要包括针对研学旅行者特征与数量的统计数据和研学旅行基地收入的统计数据两方面。

多媒体文档数据库包含旅游景区（景点）的图片、照片、视频文件等，如以革命老区旅游景点为中心的研学旅行基地中保存的由红色历史人物图片、历史见证者和革命后代的采访视频构成的音像集合。

二、基于 GIS 技术的研学旅行资源数据库建设标准

地理信息数据库通常把要处理的数据分为两类。第一类是空间数据，即反映事物地理空间位置的信息，也常称为数字地图数据。空间数据根据空间上的相对位置形态可以以点、线、面等方式呈现，如实际上分布面积较小（按地图比例尺仅能定位于点）或呈点状分布的居民点、工矿企业中心等，呈线状或带状分布的道路、河流等，以及呈面状分布的湖泊、森林等。第二类是属性数据，即事物的特征信息。在地理信息数据库中，属性数据主要以文字（定性）或数字（定量）的形式来呈现与空间对象（事物）相关的现象特征，如某一个旅游景点的名称（文字）与客流量（数字）。大部分的地理信息数据库存储数据时采用了一种对象关系模型，即作为对象的空间数据以地理信息数据结构进行存储，而属性数据则存储在关系型数据库管理系统中。

获取地理数据是建立数据库的首要前提，是将地理信息转换为计算机系统可接收形式的过程。研学旅行资源信息因其特点需要，将空间数据与属性数据的获取、输入与存储进行了区分。空间数据获取的途径通常为参考纸质地图、野外测量、借助现代化科学技术手段，如遥感等探查技术等。属性数据的获取途径通常为已有统计资料的收集、社会调查、现场调查等。将获取的空间数据和属性数据根据规范和标准进行分类、编码，然后转换输入地理信息数据库中，并以矢量或栅格数据的格式存储。矢量数据是在直角坐标中，分别用 x、y 坐标表示地理实体的位置和形状

的数据。栅格数据是将空间分割成有规律的网格，以每个网格为一个单元，并在每个单元上赋予相应的数值来表示实体属性的一种数据形式。相比之下，栅格数据的结构比矢量数据更加简单，但精确度更低；而矢量数据的空间精确度更高，显示输出的效果更好。

（一）空间数据的入库与存储

空间数据的入库主要基于纸质地图的数字化、野外测量成果的数字化转绘、航空摄影测量和遥感信息的解译等方式。

为了使计算机可以识别纸质地图上的信息，需要利用数字化仪和扫描仪等仪器将纸质地图数字化。数字化仪是数字测图系统中的一种图形数据采集设备，可将图上的位置点信息转换为数字化的平面坐标信息并输入计算机，生成矢量数字地图。扫描仪数字测图则主要从纸质资料中获取栅格数据，再输入计算机。手持跟踪数字化法和屏幕扫描数字化法是广泛采用的两种方法。手持跟踪数字化法是把数字化仪和安装了数字化软件的电脑相连接，在软件中建立了设备坐标系与测量坐标系的转换关系后，对地物的每个地形特征点进行数据采集，最后获得矢量数字化地形图数据的过程。屏幕扫描数字化法是先利用扫描仪将纸质地图扫描后，形成栅格数据文件，再利用数字化软件将栅格数据转换成矢量数据的数字化法。相比手持跟踪数字化法，这种方法具有数据输入速度快、精度高的优点。数字化后的空间数据可以按照其几何特性分为点、线和面三种不同的图层。以小比例尺的矢量数字地图为例，点状图层可用于存储饭店、旅馆、度假村、购物中心、车站等旅游设施点的位置信息；线状图层可用于存储公路、铁路、水路等的形状与位置信息；而面状图层可用于存储行政区边界、景区边界、湖泊、森林等的轮廓与位置信息。

野外测量成果的数字化转绘也是存储空间数据，即制作数字化地形图的方法之一。可将 GPS 和全站仪等测量仪器采集的地物和地形的空间轮廓数据由电子手簿传输到计算机中，再通过专业的测绘软件按照制图要求生成数字地图。尽管这种方法需要付出大量的人力和时间，但由于其获得的空间数据精度高，所以依旧是当下制作城市地区以及景区大比例尺(通常为 1∶500)数字化地形图广泛采用的方法。

相比野外测量成果的数字化转绘，航空摄影测量和遥感可以获取景区大范围的实时数据，将成果输入计算机后，通过专业的软件处理可以生成以高清正射影像为主的数字地图。该数字地图不但拥有地物的空间轮廓，也具备清晰的纹理信息，可以最大限度地将景区的真实信息呈现出来。

(二)属性数据的入库与存储

属性数据的入库主要基于已有统计资料收集、社会调查、现场调查和遥感信息解译等方式。属性数据通常指的是地物的实体特征信息。因此，研学旅行资源数据库中保存的属性数据主要是针对研学旅游资源调查区中的地物实体特征的描述，如景区的等级和客流量等，一般以文字、表格、统计图等形式存在。

在地理信息数据库的矢量数据层中，通过调查收集到的研学旅行资源属性数据主要存储在 dBASE 等格式的表格中。

第三节　研学旅行资源数据库设计

数据库设计的合理性与质量的好坏影响着整个数据库系统建设的速度和资金费用，以及数据库系统的应用、维护、更新、扩充等的质量水平。研学旅行资源信息具有空间地域性、时变性、结构上的镶嵌性和成层性等特征。因此，基于 GIS 技术对研学旅行资源数据库进行设计，可自然清晰地表现研学旅行资源信息之间的关系。其设计可参考《基础地理信息数据库建设规范阶段》(GB/T3345—2016)。应在确定数据库设计总体目标的基础上，根据基础地理信息数据库用户调查和需求分析，结合数据分析结果，进行数据库的总体设计和详细设计，包括内容设计、功能设计、物理设计和安全设计等；根据设计要求建立集成化软硬件环境，开发功能模块，将各种数据在经过入库检查和数据处理后加载到数据库中，并进行数据集成和功能集成。

一、研学旅行资源数据库框架结构

系统的设计工作首先是系统的框架结构设计。为了实现对研学旅行资源的全面管理与分析，基于 GIS 技术开发研制的研学旅行资源数据库是一个多功能、多模块集成的管理系统，由人机交互层、系统功能层、数据管理层、系统支持层、系统驱动层和硬件驱动层六个层面，以及数据收集与更新、查询与检索、分析功能、信息共享与输出、系统说明与帮助五个功能模块组成，GIS 技术在其中起着核心作用。

（一）人机交互层

本层为系统与终端用户的接口，由鼠标和键盘支持的全汉字界面组成，可以用人机对话的方式进行操作，使用方便、简单易学。

（二）系统功能层

本层为整个信息系统的核心部分，有数据收集与更新、查询与检索、分析功能、信息共享与输出、系统说明与帮助等功能模块。

（三）数据管理层

数据管理层管理数据库中不同种类、不同属性的数据，保证数据的安全性和正确性，便于系统各模块调用数据；该层也是系统功能层与系统支持层的协调层，对于系统功能的实现与稳定起着重要的支持作用。

（四）系统支持层

该层用于支持系统功能层，主要包括数据处理、地图处理和数学模型。

（五）系统驱动层

该层包括数据库驱动（为数据库系统提供支持）、图形驱动（为地图显示、图层分析等提供支持）和中文驱动（为中文菜单显示及汉字标准等提供支持）等。

（六）硬件驱动层

该层用于驱动各类硬件，包括显卡、声卡、网卡、打印机、绘图仪、数字化仪、扫描仪及调制解调器等。

二、研学旅行资源数据库设计规范

研学旅行资源数据库的主要内容包括空间数据库和属性数据库，设计人员需要严格按照《基础地理信息数据库建设规范阶段》（GB/T33453—2016）要求进行设计。研学旅行资源空间数据库可以划分成基础地理信息数据库和旅游专题地理信息数据库这两类，其设计目的在于存储图形数据信息，为研学旅行资源数据库的稳定运行提供图形数据信息；研学旅行资源属性数据库主要是指描述空间实体特征或者空间性质的二维数据表。具体而言，设计人员需要将标准化渗透于数据库设计的各个方面，从信息采集、信息分析、信息存储到硬件选择、软件开发，实现数据库设计全过程的标准化，致力于研学旅行资源数据库实用性及应用效率的提升。①

（一）需求调查和分析

在设计研学旅行资源数据库的时候，通常面临着数据量异常庞大和数据类型复杂的情况，此外，也不是所有的研学旅行资源都能满足研学旅行的要求。在这种情况下，就需要了解用户（包括研学旅行机构、组织研学旅行的学校、参加研学旅行的师生等）对数据的要求。因此，在调查前要选取有代表性的单位，明确调查的内容，在制订出详细计划后进行用户调查。例如，在设计针对中小学生的研学旅行资源数据库前，需要对相关学校进行走访与调查。和普通旅游不同，中小学生的研学旅行需要突出体验性和群体性。因此，中小学的需求就是在研学旅行活动中让学生更多地以群体活动的形式亲近社会与自然，通过亲身体验更好地获取知识、培养团队合作意识。另外，中小学生在每个年龄段需要掌握的技能和知识点也有所不同。根据这些需求，在设计研学旅行资源数据库的时候应

① 薛东. 基于 GIS 技术的旅游信息系统数据库设计[J]. 电脑知识与技术，2018(22)：12-14.

该对不同年级学生的研学旅行内容进行整理，使得用户可以通过选择年级查询到适合各个年龄段的研学旅行产品。在研学旅行产品的展示上应多考虑多媒体文档数据库，即展示研学旅行基地相关的图片和视频，使用户在浏览数据库的时候有身临其境的感觉。

（二）内容设计

1. 研学旅行资源空间数据库设计

在进行研学旅行资源空间数据库的设计时，设计人员需要按照一定的流程开展工作。首先，收集基础资料，通常来说，研学旅行资源数据库包括多样化的数据资料，涉及的范围比较广，常用的数据资料有图形资料、相关政策文件以及属性资料等。在进行空间数据库的设计时，需要对这些基础资料进行预处理，如将纸质基础资料转换为电子资料。

在经过初步的电子化预处理之后，设计人员需要对数据进行编辑处理，实现原始数据的标准化与规范化，为研学旅行资源数据库提供可靠的数据参考。常用的数据编辑处理流程包括：错误数据与重复数据的检查与删除、错误图像的纠正、数据格式的转换以及投影转换，设计人员需要按照如下原则进行图层划分：①按照系统用户的需求将研学旅行资源数据库的图素内容进行分类；②将相同逻辑内容的研学旅行空间信息设置于同一图层；③根据 GIS 软件的功能特点进行图层的划分，确保同一图层与图元类型的数据具备同样的属性表以及属性结构。

2. 研学旅行资源属性数据库设计

在研学旅行资源数据库中，属性数据库主要是指描述空间实体特征或者空间性质的二维数据表。通常情况下，设计人员会按照关系型数据库的设计方法进行属性数据库的设计。具体设计流程如下：

（1）设计人员需要采用调查与统计等方式进行属性数据的收集，并进行相应属性调查表的填写，根据收集到的属性数据完成数据库的录入工作，常用的属性数据录入方法有电子表格、Access 数据库管理系统。

（2）在数据录入完成之后，设计人员需要在 GIS 软件中对属性数据的结构进行定义，将属性数据的记录地点与图形要素进行有效对接，并对对接完成的数据库采取逻辑一致性检验，确保属性数据库满足研学旅行资源信息系统用户的需求。

（三）功能设计

1. 一般功能

研学旅行资源数据库应具备数据输入功能、数据处理功能、数据管理功能、数据转换功能、数据编辑功能、数据维护功能、数据检索功能、数据输出功能。

（1）数据输入功能

数据输入的任务是以多种方式快速采集研学旅行资源数据，包括表征研学旅行资源空间位置的空间数据和描述它的属性数据、各类环境数据等，并通过各种输入设备（如扫描仪、数码相机等）输入计算机中，建立相关的研学旅行资源数据库。研学旅行资源数据库由属性数据库和空间数据库组成，是研学旅行资源信息系统的核心，其数据质量直接关系到研学旅行资源信息系统各种功能的实现。数据库中包含多种类型的数据，除了常见的数据类型，还包括将图件、遥感数据、文字报告、视频影像、声音、照片等按照一定的数据格式存储在计算机中。例如，对于舒城县万佛湖，除了记录它的地理位置和范围，还可存储它的照片、景观特征值、开发建设情况等属性信息。

（2）数据处理功能

数据处理功能包括数据库电子地图坐标及投影变换、数据的切割和拼接、空间数据格式转换、属性数据格式转换，以及影像的对比度、灰度、饱和度一致性调整。用户也可以自行将网络上采集的相关属性数据按照txt、csv、xlsx等常见文件格式存储，通过GIS软件添加到研学旅行资源地理信息数据库中。

（3）数据管理功能

数据管理是对研学旅行资源数据库进行统一的管理和维护，提供存储、编辑、检索、查询、运算、显示、更新空间数据和数据挖掘的功能，能把最新获得的信息快速更新、补充到数据库中。

(4)数据检索功能

除了常见的信息系统查询功能,研学旅行资源数据库还提供空间数据查询功能,即各种研学旅行资源、服务设施、交通线路等均标明其地理位置和坐标参数。用户可以以空间位置的点、线、面等方式进行空间数据查询。此外,还可以进行多媒体查询。查询的内容除了研学旅行资源信息,还有地图、交通线路、政策法规、消费娱乐、天气预报、医院、药店、公安、消防等与研学旅行相关的信息。研学旅行资源信息系统中配有各行政区的研学旅行资源情况和各种统计分析程序,用户可以根据需要,对数据库中的数据进行分析。

(5)数据输出功能

数据输出可采用图件、照片、报告、表格、统计图、影像等形式输出。研学旅行资源数据库管理系统可为用户提供包括多媒体在内的丰富的输出形式。其中一个特点是利用 GIS 技术实现数据输出的地图化表示。研学旅行资源信息具有地理属性,可以在地图上表示信息,且 GIS 技术具有很强的图形编辑功能,可大大降低出图成本,避免传统制图的烦琐工序,根据用户需要分层或叠加输出各种专题图。例如,可以将研学旅行资源质量评价等级图、资源分布图、地形图、道路交通图、服务设施分布图和地形图叠加,为用户提供一幅详细的导图。

2.专有功能

除了具备以上传统系统具备的一般功能,研学旅行资源数据库还为用户的应用设计了专业应用功能,这部分功能是本系统独有的功能,显示与其他系统的差别,独具特色。

(1)管理功能

此功能可以实现对研学旅行资源信息的数字化管理、合理调度、科学配置与协调。研学旅行资源信息系统能够逐渐形成以计算机为核心的研学旅行资源动态管理系统,可对诸如研学旅行基地、研学导师等资源进行现代化管理,利用信息的快速检索、可视化输出表达和实时交换,实现数据共享,促进办公管理自动化。

(2)分析评价功能

此功能通过建立不同分析模型,对研学旅行资源进行综合分析和定性或定量综合评判,为校方和服务机构提供有效的科学参考信息。

(3)开发与决策功能

此部分根据研学旅行资源开发现状、潜力及发展趋势等综合因素,利用不同资源开发模型及不同决策因素,全面考虑市场格局,模拟不同的开发类型和开发决策,获得最优线路设计、最佳资源开发设计等,为管理部门和资源开发部门提供决策参考。

(四)物理设计

研学旅行资源数据库的物理设计应考虑系统软件选择、硬件选择、网络设计要求和索引库设计要求等。

由于研学旅行资源数据涉及的种类与存储格式较多、较杂,在数据库系统软件的选择上,应该考虑操作系统和数据库管理系统是不是兼容性强且稳定、可扩展。软件系统还要有良好的开发环境,同时具备支持分布式数据管理和动态存储空间管理的能力。

研学旅行资源数据库系统的硬件应该包括输入输出设备、系统处理设备、系统数据存储和备份设备。输入输出设备配置要求能够满足数据输入和成果输出的各种需要,主要包括扫描仪、绘图机、打印机等。系统处理设备包括数据库服务器、文件服务器、网络服务器、台式机工作站等。系统数据存储和备份设备应该能满足空间数据安全、高效地在线、近线和离线存储,并具备海量存储能力,形成由系统硬盘、磁盘阵列、磁带库或光盘库所构成的三级体系。应根据系统存储容量为总数据量的1.5～2.5倍原则,对总数据量进行估计和控制。

研学旅行资源数据库的网络设计应符合以下要求:网络通信系统应具有开放性;网络构架和带宽应满足业务不断发展的需要;具有良好的可靠性和安全性;网络安装和维护方便、易管理;网络交换应采用多层结构,提高网络的吞吐量,避免出现通道堵塞。

研学旅行资源数据库的索引库设计应该在数据入库前根据系统软件

选型，针对每组数据设计相应的空间索引方案。数据入库及运行后，索引库应根据实际效率进行调整。此外，还应根据不同类型数据的特点建立空间索引或关键字索引，指明空间索引的方式和索引块大小，或索引关键字的字段。

（五）安全设计

研学旅行资源数据库运行的物理环境应该按照国家规定进行设计，机房应具备防火、防水、防静电、防雷击、防辐射等安全设施和措施，满足温度、湿度、供电、照明以及存储介质使用和存放等方面的要求。此外，系统安全维护方面应该根据涉密的信息范围划分内外区。非涉密部分与公共网络连接时应该采用逻辑隔离技术，具备防入侵、防病毒等系统安全措施，并达到国家第二级安全保护等级，即系统审计保护级。在保密措施方面应按照涉密信息系统分级保护的法规、标准等有关规定，制定安全制度和保密制度，涉密部分应采用严格的内外网物理隔离措施，采用硬件防火墙技术、身份认证技术和加密数据传输等技术，确保数据库系统安全运行和涉密数据的保密。

第四节　研学旅行资源信息化平台

研学旅行正在经历一个全新的时代，学校、旅行社、培训机构与研学旅行中介之间开始实现跨界融合。在此基础上双向互动式教育模式逐渐兴起，更加注重学生的体验感与参与度。但其中仍存在着问题，如基地资源欠缺、体系化教材和专业配套课程不足、缺乏专业导师和导游、评价体系不完善、安全事故频发等。研学旅行所面临的挑战与存在的不足很大程度上源于标准化体系的缺失、信息传递迟滞。因此，构建研学旅行资源信息化平台有助于提升相关信息透明度、构建标准化体系，将客户的研学旅行需求及时传递给研学旅行服务机构的同时，也将研学旅行产品通过共享更好地展现给客户。各学校主管、家长通过研学旅行服务平台可以进行服务机构的选择，学生自己也可以选择喜爱的研学旅行产品。此外，学校也可以对不同的旅行社、研学旅行产品及其价格进行衡量，找到适合自己的选择。同时，旅行商家也可以通过平台获得井喷式增长的用户人数，大大提高服务产品的销售量。从各个方面来讲，研学旅行资源信息化平台的市场发展空间非常大。因此，提供智能化、一体化的研学旅行资源信息化平台成为必然趋势。

一、研学旅行资源信息化平台构建目的与关键技术

（一）目的

研学旅行所面临的挑战与存在的不足很大程度上源于标准化体系的缺失、信息传递迟滞。因此，构建研学旅行资源信息化平台有助于提升相关信息透明度、构建标准化体系，将研学旅行主体的需求及时传递给研学旅行服务机构的同时，也将研学旅行产品通过共享化更好地展现给研学旅行主体。

平台通过集成机制，运用“互联网＋大数据＋网络地理信息系统”路径，实现研学旅行产品选择的自由化、研学旅行课程定制的个性化、配套设施发展的协同化、研学旅行信息传递的共享化，构建起多方高效沟通的桥梁。在行业端，提高研学旅行产品的实力和影响力，按照中小学生教育新课标的要求，提升研学旅行的育人价值。在客户需求端，根据不同年龄段的中小学生生理与心理特点定制不同的研学旅行课程，增加研学旅行过程中的深度体验感。

（二）关键技术

研学旅行资源信息化平台的智能化建设融合了大数据（Big Data）、网络地理信息系统（Web GIS）、数据仓库（Data Warehouse，DW）、定位导航等技术。借助数据仓库技术将所需的来自研学旅行资源调查与评价的不同数据库的数据进行统一管理，依靠大数据技术将其整合后，定量化分析研学旅行基地的研学旅行资源、研学旅行价值等方面的信息。再通过网络地理信息系统技术及时、准确地发布各研学旅行基地的实时信息，让

研学旅行主办机构、服务机构能够及时了解景点、研学旅行基地的接待服务信息，并及时安排和调整研学旅行计划。同时在研学旅行的过程中通过定位导航技术辅助师生进行研学旅行路径规划，增强体验感。

1. 大数据技术

大数据技术使研学旅行基地资源分配、课程优化等决策支持系统更智能。通过将研学旅行资源调查与评价涉及的多层面数据进行整合，结合综合分析手段，可以提供符合中小学生核心素养的个性化研学旅行产品服务；同时也有助于教育科研工作者提升科研成果和提高教育质量。

2. 网络地理信息系统技术

网络地理信息系统技术通过互联网对地理信息数据库中的数据进行发布和应用，以实现空间数据的共享和互操作。其核心是在地理空间数据库中嵌入 HTTP 标准的应用体系，实现互联网环境下的空间信息管理和发布，在客户端采用如 IE、FireFox、Google Chrome 等浏览器实现包含研学旅行资源在内的地理信息在线查询、空间分布式获取、空间模型分析服务、互联网资源共享等功能。

3. 数据仓库技术

数据仓库技术是出于企业业务分析和决策支持的目的而创建、基于传统数据库系统技术发展而来的、能对多样业务数据进行筛选与整合的应用技术。它的出现为决策支持系统提供了一个有效的、全局统一的数据环境，即将决策所需的来自各个数据库的数据进行统一管理，更好地支持前端的可视化分析。在分散的研学旅行资源调查信息从原始数据库中被分离出来，转化为集中统一、随时可用的信息的同时，数据仓库就实现了对信息合理、全面而高效的管理。

4. 定位导航技术

对于定位导航技术，用户可以通过下载手机导览客户端，或租用定制导览终端的模式获取自助研学旅行服务。定位导航技术通过手机网络运营商提供的 LBS 服务接口为用户提供定位导航、周边设施搜索、最佳旅行线路与用户轨迹生成、根据用户位置播报景点信息等功能。同时可以通过及时定位研学师生所在的实时位置为安全保障提供技术支持。

二、研学旅行资源信息化平台运营

研学旅行资源信息化平台针对应用对象的不同，将提出定制化的运行方案。以大数据技术为依托，实现面向研学师生的产品信息化平台、课程体系、评价体系、安全应急平台的构建与管理。同时面向研学旅行服务机构和教育管理部门也提出系统化的管理路径，开发并完善门票网上预订、实时客流量告警、查询系统开发等功能。

（一）面向研学师生

1. 研学旅行产品信息化平台建设

研学旅行产品的信息化平台建设主要包括研学旅行基地和研学导师的信息化资源构建。在研学旅行基地的信息化资源构建中，运用大数据技术，建立满足国家级、省级、市级三级资质的研学实践教育基地数据库。在网页平台上展示各个研学旅行基地的餐饮住宿、配套设施、研学旅行资源、运营团队、管理制度、安全保障条件与水平的数据信息。研学师生可以根据需求进行产品的选择和线路规划。

研学导师的信息化资源构建依靠互联网技术实现线下与线上的信息同步，个人的职称级别、备案编号、执照有效期和对应的研学旅行机构通过网络数据库技术保持更新。

2. 研学旅行课程体系构建

研学旅行课程体系构建是指基于研学旅行内容碎片化和专业化的特点，针对各个年龄段的中小学生和各种类型的研学旅行编写专业教材，开发配套课程，帮助学生有效吸收在研学旅行过程中所学知识，巩固研学旅行成果。通过互联网技术在信息化平台上展现适合不同年龄段学生的各种类型研学旅行产品，例如，小学阶段根据就近原则选择当地以乡土乡情为主题的融入体验式研学旅行产品；初中阶段鼓励学生走出家乡到更广阔的环境中接触自然风光和社会，并选择以提升自理能力和自主学习能力为目标的研学旅行产品；高中阶段多考虑以走进科教中心和高校为主的励志类研学旅行产品，引导学生进一步熟悉了解国情、热爱科学并思考未来自身的职业规划。

3.研学旅行评价体系构建

可在研学旅行活动中实行过程反思评价、作品成果评价、体验探究成果评价，实现全方位、客观、可量化的专业性评价体系构建。未来基于研学旅行资源信息化平台的“互联网＋研学旅行”实践教育模式将得到广泛推崇，评价的激励和引导功能将得到充分发挥。

在“互联网＋研学旅行”实践教育模式中，利用互联网技术可以更有效地开展形成性评价和总结性评价。

形成性评价指的是为提高教学效率而进行的评价，以及时了解教学效果和学生研学旅行的进展，以及研学旅行过程中遇到的问题和困难等。利用互联网开展研学旅行，学生在使用互联网的同时，会留下大量关于研学旅行的行为、偏好、习惯等方面的数据。这些数据既是信息，也是每个学生的资产。研学旅行资源信息化平台所记录的行为数据是评价网上学习的重要依据。

总结性评价指的是在教学完成之后考查学生的最终成绩，是对学生在研学旅行活动中的学习行为做出的一系列评价。在“互联网＋研学旅行”实践教育模式中，总结性评价的内容主要包括学生在研学旅行中的能力、态度、行为和成果等，可以将线上评价、教师日常观察即时评价、成果展示、阶段性综合评价等结合起来作为综合考查学生的依据。

4.研学旅行安全应急平台管理

研学旅行安全应急平台是针对近年来研学旅行安全事故频发的现象所开发的安全应急平台。例如，旅游景点智能监控系统可以适应各种复杂多变的环境，进行全天候的实时监测，包括抽烟识别检测、明火识别检测、危险气体泄漏检测等。此外，基于师生研学旅行行为大数据分析的预警研判系统也可以发挥重大作用，如对学生、教师在学习过程中不安全的行进线路或者行为进行预警干涉，以及出现紧急情况时，第一时间快速组织紧急救援和应急预案。

（二）面向研学旅行服务机构和教育管理部门

1.研学旅行门票网上预订

研学旅行门票的网上预订功能以团体票的形式串联研学旅行基地、研学旅行主办方和学校用户。在用户扫描二维码预订门票的同时，引导他们对研学旅行基地的公众号进行关注和信息绑定。在研学旅行活动结束后，通过给用户发送调查问卷来获取用户的学龄、性别和满意度等数据，再通过数据分析为进一步开发新的研学旅行产品和完善已有的研学旅行产品提供帮助。

2.研学旅行实时客流量告警

在研学旅行的出入口可以部署客流分析系统，实现对客流的在线统计分析及实时流量告警。例如，上海自然博物馆会根据实时客流量统计数据，在馆内瞬时承载量达到一定程度时启动临时限流预案。

3.研学旅行查询系统开发

（1）综合查询

综合查询是指对研学旅行目的地的气候条件、地质地貌、水体环境和生物环境等自然环境信息的查询以及社会民生、经济条件等人文环境信息的查询。

（2）住宿与餐饮设施查询

住宿与餐饮设施查询是指通过研学旅行产品信息化平台查询研学旅行基地及周边的旅馆、度假村、露营地等多种设施的规模、数量、档次、功能、分布情况和评分情况。用户可以具体查询到接待能力、床位数等住宿设施信息，以及档次特色菜品、卫生状况等餐饮设施信息。

（3）交通信息查询

交通信息查询包括但不限于交通线路、车次、旅游景区内站点查询等。在细分方面的信息查询包括：公路、铁路、水路、航空的交通状况；市区巴士、出租车的站点位置、票价和运营时间；景点中高空缆车、高架索道、观光游船等设施的开放情况和客流量；车站、码头、港口的数量和质量；交通工具与景区的距离和行程时间等。

(4)购物与娱乐设施查询。

购物与娱乐设施查询包括但不限于研学旅行基地所在区域的各种零售商店、购物中心等购物设施信息的查询。在娱乐设施方面包括高尔夫球场、影剧院、音乐厅、娱乐中心、艺术中心、理发店、美容厅等的查询。

参考文献

[1]曾令锋,吕曼秋.广西研学旅行资源研究[M].北京:地质出版社,2021.

[2]陈翠.研学旅行课程资源开发研究[M].长春:吉林出版集团股份有限公司,2020.

[3]陈亚颦,杨黎,关爱玲主编.红河研学人文分册[M].昆明:云南大学出版社,2022.

[4]邓德智,伍欣.研学旅行指导师实务(活页版)[M].北京:旅游教育出版社,2022.

[5]邓德智,伍欣.研学旅行指导师实务[M].北京:旅游教育出版社,2020.

[6]付小林,袁先潋.湖北省中小学生研学旅行课程资源指南[M].武汉:华中科技大学出版社,2020.

[7]高远.高中生高端研学旅行的探索与实践[M].青岛:中国海洋大学出版社,2018.

[8]谷立江,姜玉祥,纪文颉.谈区域研学资源的开发与利用[J].中国校外教育(下旬刊),2020(12):1—5.

[9]关彩霞,宋君玲.区域融合视域下的青少年研学资源整合与设计——以运城市为例[J].科学咨询,2022(9):25—27.

[10]李峻红.古苑囿里的奇妙研学之旅[M].昆明:云南大学出版社,2021.10.

[11]李琳,吴晓月.呈贡地理研学资源与活动[M].北京:中国环境出版社,2020.

[12]刘冰,罗立军.广州研学旅行古诗文教程[M].广州:暨南大学出版社,2019.

[13]刘芳宁，王念龙，彭利方，等.青少年体育核心素养培养的体育研学课程开发[J].体育科学研究，2021(4)：82－86.
[14]梅继开，曹金平.研学旅行导师实务[M].武汉：华中科技大学出版社，2021.
[15]莫明星，姜国安，刘玲君.体育研学旅行融合发展机制探究[J].体育科技，2024(1)：165－167，173.
[16]彭其斌.研学旅行课程概论[M].济南：山东教育出版社，2019.
[17]钱洲军.探路特色化研学旅行：宁波四中的实践与创新[M].宁波：宁波出版社，2020.
[18]任跃辉，刘克利.京津冀红色研学资源的价值挖掘与利用[J].中学地理教学参考，2023(35)：70－72.
[19]石媚山.研学旅行市场营销[M].北京：旅游教育出版社，2020.
[20]宋绵著.河北省阜平县旅游资源地学研学手册[M].武汉：中国地质大学出版社，2023.
[21]孙月飞，朱嘉奇，杨卫晶.解码研学旅行[M].长沙：湖南教育出版社，2019.
[22]谭鼎铭.伟人故里研学行——湘潭本土资源研学案例设计[M].长沙：中南大学出版社，2021.
[23]王煜琴，赵恩兰.研学旅行执业实务[M].北京：旅游教育出版社，2020.
[24]许昌斌，李玺.研学旅行项目开发与运营[M].武汉：华中科技大学出版社，2022.
[25]薛兵旺，杨崇君.研学旅行概论[M].北京：旅游教育出版社，2020.
[26]杨帆.研学[M].长沙：湖南师范大学出版社，2020.
[27]于国亮，胡永红，张晓华.红色体育研学融入校园思政教育的内在规律和路径消解[J].四川体育科学，2023(4)：101－105.
[28]于雷.冰雪体育研学旅行模式的发展困境与建设路径研究[J].冰雪运动，2024(2)：44－47，60.